「反日」の敗北

石平 Seki Hei
×
西村幸祐 Nishimura Kohyu

イースト・プレス

「反日」の敗北

「反日」の敗北◎もくじ

二章　反日大国・中国の内憂外患と崩壊への道

三章　反日小中華・韓国の苦境と自滅

四章　反日サヨクの敗北と最後の悪あがき

序章　中韓「反日共闘」という砂の楼閣――石平

西村幸祐さんとの対談本が編集段階に入ってからの2014年初春、まさに『「反日」の敗北』という本書のタイトルにうってつけの激しい外交戦のひとつが、オランダのハーグという都市で展開された。

この年の3月下旬に核安全保障サミットが開かれたハーグでは、東アジアの外交問題をテーマとした二つの首脳会談が開かれた。ひとつは現地時間の23日夜に行われた中韓首脳会談であり、もうひとつは、同じく現地時間の25日夜に開催された日米韓首脳会談である。

二つの会談それぞれの参加国である日本、中国、韓国は、言うまでもなく東アジアの主要国である。もうひとつの参加国のアメリカも東アジアの国際政治に深く関わっている。そして後述するように、日米韓首脳会談の中心課題はすなわち北朝鮮問題であるから、北朝鮮も実は、この一連の会談における陰の主役であるともいえよう。

要するに、アジアから遠く離れたオランダ・ハーグを舞台にして、「オール東アジア」

の外交が大きく動いたわけである。

そして、異なった組み合わせで行われたこの二つの会談の中身を注意深く吟味すれば、現在の東アジア外交において、まったく異なった二つの外交志向、あるいは外交路線が対立していることがよくわかるのである。

それはすなわち、中国・韓国が行っている日本をターゲットにした「歴史認識問題のイデオロギー外交」と、アメリカが中心となって進める「危機対応のための現実的外交」との対立である。

周知の通り、韓国は朴槿恵大統領の就任以来、ひたすら日本との歴史認識問題に固執してずいぶん歪な対日外交を進めてきた。日韓が共通して直面している現実の問題がなんであるか、韓国の国益の所在はどこにあるか、そういうこととはまったく関係なく、とにかく「歴史認識問題」の一点張りで日本に対する厳しい姿勢を貫くのが現在の韓国外交最大の特徴である。それはどう考えても、現実を無視したイデオロギー外交以外の何ものでもないであろう。

そして一方の中国では、習近平政権成立以来、最初は一貫して「領土問題」という現実問題において日本との対立を続けてきた。しかし、アジア全体において日本の安倍政権が

「中国包囲網外交」を進めることによって中国は孤立を深めていく。そうしたなかで、習政権は日本を叩くための「歴史カード」を持ち出して反転攻撃に打って出た。

つまり、安倍首相がアジア諸国に「中国からの現実的脅威に対処するために結束しよう」と呼びかけて「対中国包囲網」を構築しているのに対し、習近平は逆に、「かつてアジア諸国を侵略したのはむしろ日本ではないか」という論理をかざして日本とアジア諸国の分断を図り、「対中国包囲網」を打ち破ろうとしているのである。

そういう意味では、中国の「歴史問題外交」は、反日イデオロギーに囚われすぎている韓国のケースとは異なり、むしろ現実の外交戦略のために利用しようとするものである。いずれにしても、「歴史問題」をもって日本を叩くというのは中韓両国の共通した外交路線であり、中国にとっての韓国は、アジアにおける「対日共闘」の唯一のパートナーとなっているのである。

こうしたなかで、まさに歴史問題をテーマにした「中韓対日共闘」が露骨に演出されたのがすなわち、3月23日にオランダのハーグで行われた中韓首脳会談である。

韓国大統領府が明らかにしたところによると、習近平国家主席と朴槿恵大統領との会談

では、日本の初代総理大臣の伊藤博文を暗殺した安重根の記念館のことが大きな話題のひとつとなったという。

まず習主席が「私が記念館建設を指示した。両国国民の（安重根への）思いを強め、（中韓の）重要な結びつきとなる」と切り出すと、朴大統領が「両国国民から尊敬される安重根義士をしのぶ記念館は、友好協力の象徴になる」と応じた。

さらに習氏は、日本統治に抵抗した朝鮮人部隊「光復軍」を記念する石碑が近く、部隊の拠点があった中国・西安に完成すると説明した。朴氏は「意義深く思う」と述べたという。

このように、紛れもなく習近平主導のもとに、両国首脳が歴史上の暗殺者である安重根や幻の「光復軍」をダシにして、「中韓反日共闘」の外交路線を鮮明にしている。その背後にあるのは当然、韓国を引きつけて日米韓の3カ国連携にくさびを打ち込みながら、東アジア外交において優位に立とうとする中国の思惑があるのであろう。

しかし、それにしても、21世紀になった今日の中韓両国の首脳会談が、百年以上も前の一暗殺者のことを話題にして行われるのはいかにも異様な光景であろう。そのことは逆に、彼らが構築しようとする「反日共闘」というものが、現実的な根拠に乏しいものであ

ることを如実に示している。現実に根拠がないからこそ、両国を「反日」で結びつけるものは唯一「歴史」しかないのである。

実際、例えば韓国の視点に立って冷静に見れば、彼らが中国と連携して日本と対立しなければならないような現実の理由は何ひとつないし、「反日」によって達成できる中韓両国の共通した国益があるわけでもない。冷徹な国際政治の力学からすれば、韓国は単に、反日イデオロギーを振りかざして日本の対中国包囲網外交を打ち破ろうとする中国の思惑に利用され翻弄されているように見えるのである。

中韓両国の行った歴史認識に固執したイデオロギー先行の首脳会談と比べれば、その2日後に開催された日米韓首脳会談はまったく異なった趣を呈している。

周知のように、会談の開催を提案してその実現において主導的な役割を果たしたのはアメリカのオバマ政権である。オバマ政権が会談を渋る韓国側を強く促して半ば強引に日程の設定を進めたからこそ、3カ国の首脳会談が実現したわけである。

そして、オバマ政権がそれほどまでに苦心して3カ国首脳会談の実現にこぎ着けさせたその最大の目的はすなわち、迫ってくる北朝鮮の核武装の脅威に対処することであろう。

つまり、3カ国の連携強化を図ること（あるいは演出すること）によって、北朝鮮の冒険的行動を封じ込めるのが最大の狙いである。中韓が「歴史問題」を持ち出して百年も前の過去のことで執拗（しつよう）な大騒ぎをしているなか、アメリカの唯一の関心事はまさに現実の政治問題にある。繰り広げられる「つまらない歴史論争」を横目に、アメリカの視線はあくまでも、東アジア全体の抱える「いまそこにある危機」にどう対処するか、という一点に集中しているのである。

そしてアメリカの思惑通り、オランダでの日米韓首脳会談の内容は終始一貫して北朝鮮の核武装とミサイル問題に集中し、それに対処するための3カ国連携を「再確認」するという最大の成果を挙げている。その一方で、日韓両国間の「歴史問題」は会談から完全に排除されていたことも注目すべきである。

おそらくアメリカは今後も、東アジア諸国間のいわゆる「歴史認識論争」にはいっさい関与せず、ただひたすら現実問題の対処に着眼点を置いたアジア外交を進めていくこととなろう。

その際、実は北朝鮮の核武装問題以外に、あるいはそれ以上に、アメリカが全力を挙げて対処しなければならないもうひとつ重大な問題がある。それはすなわち、東シナ海と南

シナ海への中国の覇権主義的進出である。

この二つの海を自らの支配下に置くという中国の野望をいかに阻止するかが、おそらく、今後のアメリカの「アジア政策」の重点中の重点となろう。オバマ政権が「アジアへの回帰」を宣言したのも、米国海軍が2020年までに所有する艦隊の6割を太平洋沖に配置すると決めたのも、中国の海洋侵略を阻止するための戦略的措置であることは明らかである。

そして2014年4月下旬からはじまったオバマ大統領のアジア歴訪も、まさにこのような戦略の一環だとみなすべきである。

第二次オバマ政権における初めてのアジア訪問であるが、訪問国は、日本、韓国、マレーシア、フィリピンの4カ国である。前年に中国の習近平国家主席がアメリカを訪問したにもかかわらず、今回のオバマ大統領のアジア歴訪ではわざと中国が外されている。そして歴訪する4カ国のうちの2カ国、すなわちフィリピンと日本は、いまやまさにアジアの海において中国と激しく対立している。特にフィリピンの場合、現役の大統領が習近平政権を名指しにして「現代のヒトラー」と激しく糾弾していることからしても、対立の深刻さがうかがえる。おそらく中国にとって、日本の安倍政権がアジアにおける「中国包囲

網」構築の「黒幕」であるとすれば、フィリピンこそはアジアにおける「反中勢力」の急先鋒なのである。

つまり、中国にとって今回のオバマ大統領のアジア歴訪は、中国を横目に見ながら、日本・フィリピンという二つの「敵国」を訪問するというたいへん不愉快なものだったのである。

アメリカの思惑は明らかである。要するに日米同盟を強化しながら、それを基軸として、反中急先鋒のフィリピンを抱き込んで「中国封じ込め戦略」を遂行することである。それこそが、アメリカの進める現実主義的アジア外交の真の狙いであり、戦略的着眼点なのである。もちろん、アメリカのこのような外交志向は日本のそれとまったく一致している。中国の海への膨張を封じ込めることは日本にとっても最大の国益である。

こうして見ると、現在のアジアにおける根本的な対立は、アジア周辺の海の安全と航海の自由を守ろうとする日米と、力ずくで秩序を破壊して海を支配しようとする中国との戦略的対立であることがわかる。そのなかで、アメリカがアジアの現実に立脚した外交戦略を進めているのに対し、劣勢に立たされている中国は「歴史問題」を振りかざして日本を

徹底的に叩くことにより、日米同盟に対する優位を勝ち取ろうとしている。もちろん、中国にしてみれば、アメリカのもうひとつの同盟国である韓国を「反日共闘」に引きつけることができれば、なおさら、対日米同盟の闘争において有利な立場に立つことができよう。

実はそれこそ、中国が「歴史認識問題」を強調して韓国に「反日共闘」を持ちかけたことの狙いである。そして、米中対立の狭間でたいへんなジレンマを抱えて苦しんでいて、これからも苦しんでいくのは韓国である。現実的意味を持たない「歴史問題」で反日姿勢を貫くためには、アジア唯一の「反日友達」である中国と手を組むしかない。しかし、「反日」で中国と連携しても、韓国の国益に資することは何もないことを、彼ら自身もわかっているはずである。

むしろ、中国と組んで反日外交をすればするほど、自らの同盟国であるアメリカのアジア戦略との乖離が大きくなり、へたをすると米韓関係にも大きな溝が生じてくる恐れがある。だが、ほかならぬ韓国自身が北朝鮮からの脅威に日々さらされているなかで、アメリカとの同盟関係が揺らぐことになれば、北朝鮮はますます増長し、韓国はよりいっそう危険な立場に立つこととなる。

結局のところ、いずれ韓国はどちらの側に立つべきかという究極の選択を迫られることとなろうが、そのときの韓国の政治指導者がもしも賢明であれば、韓国にとっての正しい道はひとつしかない。それはすなわち、中国との経済的交流を含めた「友好関係」を維持していきながらも、「反日共闘」からは何としても脱出することである。あやふやな「反日共闘」は中国の覇権主義戦略に利するばかりであって、韓国自身には百害あって一利もない代物だからである。

そこから脱出したうえで、アメリカの同盟国としてアジア戦略に寄与しながら、同じアメリカの同盟国である日本とも安定した関係を築いていくことが結局、韓国の安全保障のためにもなるし、東アジアにおける韓国の地位向上につながるはずなのである。

朴大統領にこの程度の賢明さを求めるのは無理かもしれないが、いずれ政権が変われば、韓国がこのような無難にして現実的な外交路線に戻ることはあり得るであろう。そしてそのとき、中国が苦心して構築しようとする「反日共闘」というものは、まさに砂の楼閣が波に洗われるが如く、跡形もなく消えてゆくであろう。

まさに本書のタイトルがずばりと喝破(かっぱ)したように、「反日」は結局、敗北する運命にあるのである。

一章

よみがえる日本人の愛国心

「田母神現象」が意味するもの

石　２０１３年末から２０１４年初頭にかけて二つの大きな出来事がありました。

ひとつは安倍首相の靖国神社参拝。もうひとつは田母神(たもがみ)俊雄氏が東京都知事選挙で61万票を獲得したことです。

まずは都知事選で田母神氏に投じられた61万票を通して見えてくるものを議論していきましょう。

猪瀬直樹前知事が医療法人徳洲会から５０００万円を受領した問題で都政に混乱を招いた責任をとるとして辞職し、２０１４年１月23日に東京都知事選挙が告示されました。立候補者は元厚生労働大臣の舛添要一氏、第79代内閣総理大臣の細川護熙(もりひろ)氏、日本弁護士連合会前会長の宇都宮健児氏、起業家の家入(いえいり)一真氏など16名でした。

そんな候補者の一人であった田母神俊雄氏は、無所属で組織票にも頼らずに選挙を戦いました。もちろんボランティアや支持者はいますが、それでも戦った相手の肩書きを見ればわかるように組織や支持者層をしっかりと持っている人ばかりでした。

舛添要一氏は自民党と公明党、宇都宮健児氏は共産党と社民党と既成の政治勢力が後ろに付いいたし、細川護熙氏は小泉元首相が応援し、二人の元首相ということで圧倒的な知名度がありました。

これほどの強敵を相手にするなど誰から見ても無謀な戦いです。出馬しても有効得票数の10分の1すら獲得できずに300万円もの供託金が没収されるのではないかと思った人も多かったのではないでしょうか。

ところが蓋を開けてみると舛添要一氏が211万票余りを獲得して大勝し、田母神氏は当選こそしませんでしたが、予想外の善戦で61万票を獲得したのです。組織票なしのこの数字を西村さんはどう感じていますか。

西村　いままでの常識や通念、政治にまつわる既存の考えがどんどん壊れて日本が大きく変化していく過程にあることの表れだと思います。選挙前の政治専門家の予想は、ネットを中心に盛り上がっていて「頑張れ日本！　全国行動委員会」という全国に根を張っている保守系の運動団体の代表であるということを考慮しても、30万票が妥当とされていました。

ところが結果を見れば既存の考え方ではまったく測れない数字となって出てきた。それが今回の都知事選挙だったと思うし、逆に言うと宇都宮氏の民意の票もある意味驚きです。

日本社会党と日本共産党を支持基盤として、「戦後都政の暗黒時代」と批判される美濃部（亮吉）都政を知っている私から見れば非常におそろしい現象です。彼は１９６７年に社会党・共産党推薦で立候補してから１９７９年に四選不出馬を表明して退任するまで知事を務め、都の財政を破綻させた。

もしまかり間違って舛添都知事が選挙違反か何かで捕まって次点の候補が繰り上がることになったら、共産党と旧社会党が推した候補が都知事になってしまうわけです。

本来の対抗馬と予想されていた細川護熙元首相が浮動票を獲得するだろうというのが従来的な見方だったはずなのです。ところが、予想に反して宇都宮氏の票が伸びたのは、反原発に取り組む人たちのなかの非常に真面目な人たちが細川氏に流れなかったことにあります。また、柏崎刈羽原発の廃炉を求めると主張する反原発だけではない要素もあった。政党の支持は受けているんだけど宇都宮がいいんだという思いがあった。それも新しい現象で、今後の日本の状況を見るうえで頭に入れておくべきことだと見ています。

先ほど美濃部都政の記憶があると言ったのは、当時「明るい革新都政をつくる会」という運動団体があって、丸い青いバッジをつけていて、戦後日本のいろいろな潮流のなかで左翼勢力に勢いがあったときのことです。

当時、日本共産党が民主連合政府という構想を打ち出していて、革命による政権奪還ではなく選挙によって政権を取るというテーゼをはっきり出していたわけです。それを日本社会党と一緒になって進めて、そのテーゼにのっとって美濃部という人が都知事になったわけで、共産党のテーゼが半分は実現していたんです。

もちろん、美濃部都政から宇都宮氏の立候補に至るプロセスは、逆に言えば彼ら（日本の反日左翼）の衰退のプロセスであると見ることもできるでしょう。いま彼らは生き延びるために、昔の民主主義転覆の都政ではなくて反原発や一般人を取り込もうという戦略をとっているわけですね。だからイデオロギーとして社会主義や共産主義というものを持ち出すのではなく、あくまでも原発を利用したわけです。

そういう意味で言えばイデオロギー的には衰退かもしれないけれど、80年代以降日本の左翼はどんどん形骸化していって片仮名の「サヨク」になって戦後レジームの中に溶け込んでいる。１９８６年に文芸評論家の磯田光一氏が『左翼がサヨクになるとき——ある時

代の精神史』（集英社）という評論を書いています。小説家の島田雅彦氏のデビュー作で芥川賞候補になった『優しいサヨクのための嬉遊曲』という小説の文芸評論だったのですが、80年代の贋ポストモダン状況のなかの非常に象徴的な出来事だと思います。

思想がどんどん解体していく時代で、それと同時にイデオロギーとしての左翼信仰もどんどん失われていたはずだったのに、反原発という新しい道具を得て、まるでゾンビのように盛り上がっているのではないかというのがひとつの私の見方です。それが出てきた潮流として、実は安倍政権の誕生があると思うんですよ。それがあるからこそ反日的なものが逆に力を得てカウンターとしていま伸びてきている。

都知事選報道に見る左翼の悲鳴

石　安倍政権が政治権力としてはっきりと現れてきたことで、すべての左翼的、反権力的勢力が反安倍政権でまとまったんです。ただしこの勢力ははっきり言って安倍政権の政策路線には対抗できません。田母神氏が都知事選で61万票を取ったということでいちばんショックを受けたのは、むしろ左翼の方々です。

そこに関連した面白い文章があるのですが、例えば朝日新聞は、選挙翌日の2月10日にまずは舛添氏を取り上げました。その翌日の2月11日は、2面の大半と3面の一部を使って田母神氏の記事を書いたんです。選挙の敗者であり、4位に終わった人間で別に取り上げなくてもいいんですが、紙面を割いて取り上げること自体が、彼らなりにこの出来事に重大な意味を捉えたということなのかもしれません。

さらに2月12日には、いわゆる有識者の見解を記載しています。ひとつは１９７８年生まれの宇野常寛という人。「平和や公正を重視する『リベラル』の声は、若者に届いていない。東京都知事選の結果をそう読み解くのは評論家の宇野常寛さんだ。注目するのは、既存の保守層よりタカ派色の強い訴えをした田母神俊雄氏が得た61万票余り。届かないのには理由がある――」というリード文が付されたインタビュー記事の中で、宇野氏は「リベラル勢力は数十年前から更新されない言葉で教条的かつ精神論的な憲法九条擁護論を繰り返すだけで、現実に存在する国民の不安に対応しようとしない」と分析しています。

彼が言いたいことは、実際にいま日本がいろいろな脅威に直面しているなかで、彼らは精神論的な九条論を振りかざすだけで現実に対応できない。だから20代、30代の若者たちに届かなかった。結果的にネット保守の動員力に対抗できていない。この人の発言は、私

には左翼の悲鳴に聞こえるんです。彼らの敗北宣言という認識です。

彼らも自分たちの言っていることが人々の心に届いていないとわかっている。彼らから見てこういうことであれば、逆に我々の視点では二つの事実があります。ひとつは大方の予想に反して田母神氏がそれなりの票数を得たということ。もうひとつは田母神氏に投票した人は20代の人が多いということです。20代は24%、30代は17%で、だからこそ宇野氏は自分たちの主張が若者たちに届かなかったと話している。西村さんはこの田母神現象をどう捉えますか？

西村 私からすれば不思議でもなんでもなくて、もっと票が獲れるはずだったと思っています。ところが投票日の2月9日の東京都は、前日に20年ぶりの大雪に見舞われた。そのおかげで過去3番目の低投票率（46・14%）となってしまった。つまり、浮動票が選挙に行っていないので、田母神票は浮動票じゃなくて固定票。その固定票は組織に動員された票でもなければ自分の利権に関わる票でもない。気持ちひとつで大雪のなかでも投票に行ったということ。それが田母神票の最大の意味であって、浮動票を獲ったのではないのです。

宇野氏が「リベラルの声が若者に届いていない」と言っていたということで、少し横道にそれますが、最近「リベラル」という言葉がやたら使われるのを私は非常におかしいと思っています。ただの左翼がリベラルという言葉を使ってはいけません。なぜなら、「リベラル・デモクラティック・パーティー」は自由民主党ですよ。「新しい歴史教科書をつくる会」の母体になったのは、藤岡信勝氏（新しい歴史教科書をつくる会理事）がつくった自由主義史観研究会ですからね。むしろリベラルというのは藤岡氏の「自由主義で歴史を考えよう。左翼のイデオロギーから自由になろう」という趣旨なわけだから。

リベラルと左翼を同じ言葉のように使う、いまの日本のメディアの風潮には意図的なものを感じます。まあそれはおくとして、左翼の声が届いていないというのはその通りであってその分析は正しいと思います。

岩波や朝日を中心とするメディアから教条主義的な九条信者しか出てこなかったという事情はあるけれど、舛添氏に匹敵するほど票を獲って負けたならそういう声が出るのはわかる。しかし、なぜ4位の票数でそんなに悲鳴をあげているのか。私からすると、ちょっと滑稽な気がします。

石　いやいや、この発言からすると彼らは真剣に危機感を持っていますよ。私は朝日も産経も日経も全部読んでいますけど、残念ながら産経よりも朝日のほうがジャーナリズム的な嗅覚は鋭い。

ただ、2月11日の朝日新聞の紙面はいろいろと問題はありますけど、基本的な捉え方は非常に客観的です。単純にイデオロギー的につくったのではなくて、この現象は何だろうということを客観的に捉えていたのだからそこが重要です。彼らはこの現象をバカにしてもいけないし、ただのネトウヨだと切り捨ててもいけないとわかった。むしろ本気になっているんです。

西村　何をいまさらという気がするんですよ。固定票と見る61万票を投じたのはどんな人たちかといえば、去年の特定秘密保護法案の議論ではないけど、まさに「特定秘密」として情報を戦後のメディアによって奪われていた人たちが、いまでは自分たちの手段でいろいろな端末から情報にアクセスができています。それは決して既存メディアの端末ではなくて、スマートフォンやPCの端末であるわけです。既存メディアが隠し、国民から奪っていた情報にアクセスできる人たちがだんだん増えていて、それが田母神候補の固定支持

者になった。

２００８年に民間の懸賞論文へ応募した内容が政府見解と対立していたことが問題視されたことで、当時、幕僚長であった田母神氏は事実上更迭され、結果として辞任せざるを得なくなりました。そのとき、すでにそういう潮流はあって、田母神氏が出した本は飛ぶように売れました。『自らの身は顧みず』（ワック）という本ですが、14万部のベストセラーです。

それを朝日新聞などは完璧に無視していたわけです。自分たちの論陣に書かせるとかそういうことを怠ってきている。朝日の読者に合わせた情報だけを加工して供給するという戦後メディアのスキームをただ守っていただけで、はじめから「こんなもの」ということで無視していた。あるいは、これを伝えると「ヤバイ」と思って隠した。その両方だと思うんです。

このように情報を奪われていた人たちがいっぱいいましたが、田母神氏の件のもっと前からその潮流はありました。２００１年9月11日のアメリカの同時多発テロと、その翌年の２００２年9月17日の小泉訪朝。今回の本の大きなテーマにもつながっていきますが、この二つは実は世界秩序全体を揺るがすような二つのテロだったんです。

ひとつはイスラム原理主義によるアメリカへのテロ、もうひとつは50年以上続いていた北朝鮮の日本人拉致というテロ行為が表面化したということです。それがなぜ12〜13年前に出てきたかというと、冷戦終結後のアメリカの衰退というものがあって、ソ連がなくなってパクス・アメリカーナというアメリカ一極支配が続いていたけども、アメリカが衰退していく過程のなかでそういうものが噴出したのだと思います。あとはインターネットが非常に整備されるようになってきた。12年前の小泉訪朝で拉致問題が噴出したというだけではなく、その2カ月前には、日韓共催で行われたサッカーのワールドカップが終わっているわけですよ。両方とも朝鮮半島を舞台にしているということが非常に重要です。

日韓ワールドカップがもたらしたメディア不信

西村　日韓ワールドカップの直後に、荒木和博氏（拓殖大学海外事情研究所教授）が奥様の信子さんと一緒に翻訳した金完燮（キムワンソプ）という韓国人評論家の『親日派のための弁明』（草思社）という本がベストセラーになったんですね。

それまで日本人が学校で習ってきた、あるいはメディアに書かれている日本の朝鮮統治

とまったく違うことを韓国人が書いた。いかに日本人が1910年の朝鮮併合によって朝鮮半島の近代化に尽力したかということを韓国人が書いているわけですよ。そういうものが出てきたというのは大きなきっかけでしたが、ワールドカップのときメディアは共同開催だからと日韓友好を旗印にして、友好ありき、友好を一義的にした報道しかしなかった。全面的にそれが塗り込められていたのだけど、サッカーファンの間でそんなメディアに対しての疑問がバーッと広がりました。

イタリア対韓国の試合での「誤審」に対して世界中で非難が巻き起こり、審判が買収されているのではないかという疑惑がどんどん出てきた。現在ではＦＩＦＡ（国際サッカー連盟）に公式にワールドカップ十大誤審のひとつとまでいわれるほど、あの大会での韓国戦には問題が多かった。そうした不正をサッカーファンならばわかるから、ネット上で悪評がどんどん広がったのに、一般のメディアはそれを全部無視していたわけです。

「韓国はすごい。準決勝まで行ったから応援しよう」というように日韓友好が旗印になって、共同開催国を褒め称える報道しかなかった。負の部分にまったく触れなかった。それに怒ったサッカーファンは非常に多くて、当時のネット空間でそれが爆発して既存のメディアとの落差がすごく大きくなった。それがそのまま同年の9月17日の小泉訪朝につな

がっていくんですよ。

石　なるほど。ワールドカップで多くのサッカーファンがメディアが報じていることと自分たちが感じたことの違いを認識して、既存メディアへの不信が生まれた。そして自分たちで考え、ネットで情報を収集するという方法が広がったんですね。

西村　そのとき、重要な役割を果たしたのが、金完燮の『親日派のための弁明』だった。私はワールドカップのときはスポーツジャーナリストとして取材していましたが、このワールドカップはスポーツメディアが扱う範囲を大きく超えたというのがこのとき感じたことです。スポーツメディアというジャンルでは収まりきれないという意識を持ちました。

スポーツジャーナリストとしてスポーツ雑誌や一般誌、新聞などに書いていましたが、これまでとは別の視点で書かないとこのワールドカップは伝えきれないと自覚して、翌年に私がワールドカップと拉致問題をテーマに書いた「メディアの解体」という論文を発表したのが『現代コリア』（現代コリア研究所）です。初めてスポーツ分野以外のことに足を

踏み込んでものを書いた。その年から『諸君！』（文藝春秋）の編集を手伝いながら、どんどん書くようになりました。

そういう私の経験から見ると、朝日新聞の田母神氏の61万票への驚きもすごく遅れているとしか言いようがない。

異質なものとしての「ネトウヨ」

石　自分たちの足元に手に負えない異質なものが現れたということを、10年遅れて気が付いた。彼らにとってはまったく理解不可能なんです。

この10年間彼らは異質なものをおそらく意識していたのですが、ずっとレッテルを貼ってきたんです。いわゆる「ネトウヨ」というレッテル。収入がない、頭が悪い、聴衆的で洗脳されて、煽り立てていると、ネトウヨのイメージを悪くしていた。しかし、そのプロセスからすれば、むしろ正反対ですよね。

どうしてもネトウヨという言葉を使うならば、ネトウヨこそ自分の頭で考える人たちだと言いたいです。既存メディアに対して、俺たちは洗脳されたくないと、自分たちで問題

に気が付いて自分たちの頭で考えて自分たちがネットで情報を収集して整理し自分たちの結論を出す。要するに正反対なんです。ネトウヨじゃない人のほうがむしろメディアが流す情報に洗脳されている。私はネトウヨという言葉の意味を正したいと思います。私に言わせればネトウヨこそ自分で物事を考える力のある人たちです。

西村　私はその言葉を認めていないから使わないんです。でも、端末から情報にアクセスする力がものすごくある人たちなんですよ。いままでの自分たちでは理解できないものだからそういうレッテルを貼っていただけだったんだけど、それがいきなり選挙であああいう結果になってしまった。雪も降って投票率も低かったのに、61万人も「ネットウヨク」がいたなんて書けないですよ。

先ほどの話をちょっと補足すると、２００２年日韓ワールドカップ共催のときに、すでに日本人が愛国心に目醒める傾向を嗅ぎつけた反日サヨクは、ワールドカップで日本代表を応援する日本人を攻撃していたんです。

例えば、香山リカという人物は、純粋に日本代表チームを応援する人たちのことを、「深刻さを持っていないように見える日本至上主義者」であるとして、「ぷちナショナリズ

ム症候群」などと呼んでいました。『ぷちナショナリズム症候群――若者たちのニッポン主義』（中央公論新社）という本まで出している。
ところが、その言葉を朝日新聞が持ち上げて、評論家で後に鳩山由紀夫内閣の外交ブレーンになった寺島実郎氏なども、あの頃から「ワールドカップに熱狂する偏狭な日本のナショナリズム」と書いていた（笑）。

石　日本人は国に誇りを持つことも国を愛することも許されない。彼らは日本人でありながら、最大の敵も日本人なんです。

スポーツの国歌斉唱に見る変化

西村　あの連中の根底には愛国精神が存在していません。日本を愛するとか「君が代」を大きい声で歌う人間は異質なものであって、そういう人は街宣車を乗り回す右翼しかいない、という固定観念があった。１９９３年に行われたアメリカワールドカップ・アジア地区最終予選で、日本が初めてワールドカップ本大会の出場に手が届きそうなとき、試合終

了間際のロスタイムで同点ゴールをイラクに決められて予選敗退が確定した、いわゆる「ドーハの悲劇」が起きました。

その最終予選前の壮行試合を私はある編集者と一緒に見ていたんです。あのときから国歌斉唱のときは、ゴール裏のサポーターも一緒に君が代を歌っていましたが、そのとき、その編集者が「あいつら何歌ってんだ」とつぶやいたんですね（笑）。変な人だなぁ、と思いましたよ。

石 そういう意味では当時は「日本人が国歌を歌うことはバカなこと」というのが普通の感覚でしたが、いまでは完全に崩れました。例えば2014年開催のソチオリンピックで男子フィギュアスケート代表の羽生結弦選手が金メダルを獲得して、観客からもらった国旗を身にまとってリンクをさっそうと滑り、表彰式でもちゃんと君が代を歌った。19歳の青年がごく普通にそういう行動を取った。いま彼の行動を批判するメディアはないでしょう。そういう意味では日本は異常から脱出しはじめたんです。

西村 ソチオリンピックと対比させて言うと、2002年ワールドカップのときに中田英

寿選手が君が代を歌わないことが問題になったんだけど、「中田は考えがしっかりしているから歌わない」なんて変な言説が出てきたりしていました。朝日新聞はいまだに羽生選手の行動を隠そうとしています。調べたらNHKは生中継だったので当然放送していましたが、その後のニュース映像で君が代を歌っているところを流したのは日本テレビとフジテレビだけでした。いちばん象徴的な例は表彰式のあとの夕刊で、ほぼ全紙が一面トップ記事だったんだけど、朝日と毎日は日の丸を隠していた。いい写真は絶対日の丸が写っているから、そんな写真は整理部の人間が苦労しないとセレクトできないはずなんです。時事通信がすぐ配信したものはスーパーマンのマントのように日の丸を背負っているいい写真で、読売と日経と産経の翌日の朝刊も日の丸の写真。安倍政権に対する報道姿勢と見事なほどリンクするわけです。

これでは、彼らは安倍政権が嫌いなのではなくて日本が嫌いなのではないかと思われても仕方ないです。

このようにソチオリンピック報道から見ても今回の本のテーマに面白くつながっていくと思います。

既存メディアの洗脳が通用しない世代

石　田母神氏の支持者に20代と30代が多かったのは、その世代がネットをよく使うからですか？

西村　彼らは新聞も読まないしテレビも見ない。既存メディアの記事をＰＣやスマホで見る。ソチオリンピックの例で言うと、朝日新聞を取っている人は日の丸という記号が脳に入ってこない。隠されているからです。まるで韓国の新聞みたいなんです。韓国の新聞は、韓流スターが日本武道館でコンサートをしたという記事の写真では、天井に掲げられた日の丸を加工するんです。一枚の布がかかったように見える写真を掲載する。それと同じことをやっているわけです。

既存メディアでしか情報に接していない人はそうした情報しか入ってこないけど、ＰＣやスマホで情報を得ている人はすべての情報がフラットになるから、レイアウトで洗脳する手法が通じない。特定秘密保護法案が国会で成立したとき、東京、朝日、毎日では「日

本、民主主義終わり」とか「暗い時代に逆戻り」といった見出しを大きく掲げていた。ところがデジタル端末では活字の大きさが消えてしまうので、洗脳が通じないんです。

中国の「人民日報」も、石さんがいたときとは変わってきていますよね。

石　スポーツ新聞みたいになっています（笑）。見出しが紙面の半分で、内容はせいぜい10行。まあ、それはオーバーですけど、西村さんが言っていることはすごく面白くて、中身の伴わない洗脳が効かなくなっている。逆に言えば、ネットで情報収集している人は洗脳されていない人たちです。一部の左翼はネットで情報収集している人をバカにしていますが、私は「お前たちより何倍も頭がいい。お前たちこそ頭が悪い」と言いたい。

ネットニュース編集者の中川淳一郎という人が朝日新聞でネトウヨを徹底的にバカにして、「最近ちょっと怖いなと思うのが、ネトウヨの主張を一般の人も理解するようになってきた」と書いていましたが、一般人も理解することがそんなに「怖い」のか。そんなことを思う人こそ異端ですよ。２００２年のサッカーワールドカップのときは一部の人しか感じていなかったことに多くの人が共鳴するようになってきたというのは、すごい現象だと思います。

「永遠の0」の大ヒットはパラレルな現象

西村　いまそういう流れになっているのは、奪われた情報にアクセスできる人が増えてきたからだと思います。それがなければ、百田尚樹氏の『永遠の0』（太田出版・講談社文庫）が370万部を超える超ベストセラーになったり、映画の観客動員数が封切り後3カ月もずっとトップであるわけがない。だからこそ田母神現象と同じように、百田氏バッシングも人権侵害と言っていいくらいひどい出来事です。

ＮＨＫの国会同意人事をめぐっての朝日や毎日等の大手新聞社による攻撃には共同通信も加担しています。この攻撃がおかしいのは、明らかに経営委員の資格に反するという嘘の理屈で、百田氏や長谷川三千子氏に対する思想弾圧をしようとしているところにあります。

石　日本の左派は自分たちの敵が何で、脅威がどこにあるのかをわかっていました。だから百田氏を目の敵にする。同じ時期にいろいろな現象が起きて、同じ意味を持つんです。

まさに田母神現象と百田現象はパラレルです。実は、私も映画「永遠の0」を観に行ったのですが、やっぱり若者たちが多いですよ。素直に受け入れている。20年前だったらそんなことが起きますか？

西村　肝心なところは、『永遠の0』で主人公の宮部久蔵が結局は飛行機に乗るということです。それがいちばん言いたかったこと。それが肝だから、気に入らない人間はあの手この手で叩くわけです。

石　最終的には大勢の人々が感動している。私と西村さんがいま語っていることが、10年後にはそこらじゅうの人が語っていたらそれはすごいことです。

先ほどの中川氏の発言は、面白いなと思います。彼は「ネトウヨの考えを一般の人々が受け入れるのがいちばん怖い」と感じていますが、逆に言えば、それはすごい未来の到来を意味する。新しい風が入ってきて、多くの人々が徐々に理解していくという現象ですね。

西村　田母神氏の選挙戦に接していて感じたのは、ボランティアや応援してくれる女性が多かったということです。もちろん支持者には男性もいるわけですが、想像以上に女性が多い。これは、女性は子供を産んで育てるから、日本の将来に危機感を感じ取っている人が結構いるんじゃないかと推測できます。

例えば、ある評論家の奥さんは韓国語が堪能で、もともと北朝鮮の人権問題をやっていたことから韓国にシンパシーを持っていたらしい。ところが、いまは超嫌韓になってしまったという（笑）。実態を知るとそうなる人が多いんじゃないですか。

石　うちの女房もそうですよ。昔はそんなことにまったく関心をもたなかったけど、韓国のやり方に毎日腹を立てている。家に帰ると「平さん、なんとかしてよ。本当に腹が立つよ」と言われる。

反日勢力はますます国民意識からズレていく

石　もうひとつ、我々にとっての課題は、今回の東京都知事選挙で我々と同じ考え方の

人々が忽然と61万人現れたということですが、おそらく全国で見るとさらに多いでしょう。私の実感としても地方に行くほど声をかけられます。我々言論人はこの流れをどのように未来につなげればいいのでしょうか？

西村　もし投票日前日に記録的な雪が降っていなかったら細川票も宇都宮票も伸びたかもしれないけど、田母神票が伸びたのも間違いない。地方には田母神氏の考えに共鳴する人が増えていったことでしょう。その流れをどうするのかを考える場合には、新しい情報伝達の手段を考えていくしかないと思います。

いままでの経験から言うと、5年後、10年後の日本には厳しい局面がいっぱい待ち受けていると思う。戦後69年間日本を支配しているものはあるわけで、それがやっぱりバネとなって戻そうとする。我々の考えが広く伝わっていけばいくほど、受け入れる人が増えれば増えるほど、抵抗がもっと激しくなります。安倍首相を見ているとそう思うんですよね。2006年9月26日から2007年8月27日までしか続かなかった第一次安倍内閣のときと比べてはるかに受け入れる人が増えている。だけど、抵抗ものすごくある。我々もそういうものを覚悟しないといけない。楽観はしていないんだけど、道筋は見えてきま

した。

石 私は途中で論壇に入ってきた者ですが、西村さんたちや西村さんの先輩たちからはじまったこの戦いは、当初は1対99の劣勢だったはずです。そういう意味では我々は失うものは何もない。前進するのみですよ。守るのは彼らのほうで、ひとつひとつを切り崩していけばいい。私の役割は中国共産党のやっていることを世に伝えること。一般の主婦でも女性でもわかるようになれば一助になる。なにしろ、いままでそういうものがまったく伝えられていなかったから。

例えば、先ほど紹介した中川淳一郎氏は「ネトウヨの主張を一般の人も理解するようになてきった」と言っていて、具体的には「朴槿恵大統領の登場以降、韓国に対し、一般の人も呆れたり、嫌悪感を抱いたりしはじめている。ブログで仕事のことばかり書いていた人が、韓国の悪口を書きはじめるとか、ネットをのぞいていると韓国を通じたネトウヨ予備軍が増えているのを実感します」と言っている。

しかも韓国が悪いのではなくて、韓国を嫌う人が悪いと。彼の感覚は完全に現実からズレている。韓国はあれほどの理不尽な反日をやって日本を徹底的にいじめているから、普

通の日本人が韓国に嫌悪感を持つのは当たり前です。当たり前のことを当たり前のこととして理解できない時点で左翼はもう終わっています。

この路線でいけば韓国が１００人の日本人を殺したとしても、「韓国は悪くない。日本人は韓国を嫌ってはいけない」ということになってしまいます。こういう論調の左翼はいずれ日本国民から完全にバカにされてそっぽを向かれるでしょうし、すでにそうなっています。

朴槿恵は私からすれば頭がおかしいと言わざるを得ません。病的に日本を貶めたりいじめたりしているのに、嫌悪感を抱かなかったら日本人は終わっています。日本のそういう流れをつくり上げる功労者がおそらく中国と韓国にもいるはずです。それが「中国と韓国の反日をどう斬るか」という次の課題にもつながっていく。

西村　中川淳一郎氏の視点はまさに朝日新聞の視点と同じです。朝日新聞は田母神現象の記事が出た前後に「『嫌中憎韓』が出版界のトレンドになりつつある。ベストセラーリストには韓国や中国を非難する作品が並び、週刊誌も両国を揶揄する見出しが目立つ」という内容の特集を書きました。その特集には三省堂書店の写真も載っている。「変な現象だ。

週刊誌も売れるから韓国叩きの特集をやっているんだ」という論調で書いていること自体が奇妙でおかしな感じです。

石 彼らの「おかしさ」は我々にとっては喜ばしいことです。彼らは国民の一般的な感覚からどんどんズレてきていて、自分たちのイデオロギーの枠のなかに自らを封じ込めて一歩もそこから出ない。国民からすれば「お前たちだけが変な存在だ」ということになります。これはある意味、いい流れで、国民の感覚を我々が代弁していくことになれば、どちらが勝つかは目に見えています。日本は幸い民主主義社会ですから。彼らに残された道は二つしかない。この現象を受け入れて自分たちが変わるか、最後まで抵抗して歴史の闇に消えてしまうか。

西村 田母神現象を書いた2月11日の朝日の記事は、もしかしたら現実を受け入れて変わろうとするためにとりあえず客観的に分析するという姿勢で書いたのかもしれません。朝日新聞もそこまでバカではないから、これからの時勢も考えているのかもしれないです。

二章

反日大国・中国の内憂外患と崩壊への道

安倍首相の靖国参拝が明らかにした「反日の敗北」

石　２０１３年12月26日、安倍晋三首相が靖国神社に参拝しました。首相就任から３６６日目、２００６年に小泉純一郎元首相が参拝してから実に7年ぶりのことです。

安倍氏にとって総理大臣になってからは初めての参拝になります。私自身もすごく感銘を受けましたが、国内外からは反発の声が上がりました。その一部始終からいろいろなものが見えてくると思います。

安倍首相が参拝する意味はいまさら論じるまでもない。安倍首相は当たり前のことをなさったんだけど、新聞もテレビも反発の意見が多く、中国韓国も猛反発してアメリカまでもが「失望している」という声明を出した。西村さんは当時の状況をどう見ていましたか？

西村　繰り返しになりますけど、時代が大きく動いていくときだからこそ、ハレーションが起きるんだと思います。当然予想される反応が起きたんだけど、産経新聞以外のマスコ

ミがあれだけ大騒ぎして書きまくった割には反応は大したことがなかった。

読売新聞は強いトーンではないけど反対。読売は論説委員がナベツネ（渡邉恒雄、読売新聞グループ本社代表取締役会長）さんの意向に従っているから仕方ないのでしょう。

ほかに、日本経済新聞は対中韓関係の視点から反対しています。それもおかしな話ではあるのですが、反対の意見は増えたけど参拝後国民の支持率はむしろ上がった。

特定秘密保護法案（指定した機密情報である「特定秘密」の漏洩に関わった公務員らを処罰する法律で、違反者には最高10年の懲役刑が下される）の審議には「知る権利や報道の自由を阻害する悪法である」として、報道各社は偏向したアンチキャンペーンを大展開した。

世論調査も会社や組織によっていろいろなやり方があるので客観的なデータとは断言できませんが、安倍内閣支持率は43％にまで下がった。ところが靖国参拝後の世論調査での支持率は各社で上がった。これこそまさに「反日の敗北」といえる現象だと思います。

石　安倍首相の靖国神社参拝問題を取り上げたテレビ朝日の「ワイドスクランブル」の討論コーナーに出演したことがあります。パネラーには反対派が6名もいて、はっきりと参拝を擁護したのは私と青山繁晴氏（独立総合研究所代表取締役社長）だけでした。同じテレビ

朝日の番組で「朝まで生テレビ！」では、元産経新聞記者でジャーナリストの山際澄夫氏だけが賛成派で、すごく異常なパネラー配置でしたね。

興味深いのは、番組出演者には賛成派が一人しかいなかったにもかかわらず、番組でアンケートをとったら視聴者の71％が賛成だったことです。この結果を受けて山際氏が「これはこれでフェアな数字だと思いますよ。よくやっていただきました」と言ったところ、反対派だった出演者の社会学者・古市憲寿氏が「統計的にはあまり意味のない数字ですけどね」と言ったのです。

これでは、71％の視聴者の感覚をバカにしていることになる。そもそも、意味がないと生の人の声を切り捨てたのなら社会学者は何を探究するのでしょうか。学問としての拠り所はどこにもなくなってしまい、存在意義を問われかねないでしょう。

ほかの調査では賛成と反対が拮抗していました。しかし、反対している人の多くは、靖国参拝そのものが悪いのではなく外交がうまくいかなくなることを危惧しているのです。

典型的なのは共同通信の世論調査で、安倍首相の靖国参拝について「よかった」43・2％、「よくなかった」が47・1％でした。外交関係に「配慮する必要がある」との回答が69・8％と、「配慮する必要はない」の25・3％を大きく上回っていたことからも、外

交上の懸念が反対につながっていると見ることができるでしょう。

あくまで、靖国参拝そのものに反対というよりは、外交的にまずいんじゃないかと思っている人が多い。もし中韓に対する配慮という要素を取り除くことができれば、国民の大半は総理大臣の靖国参拝に賛成しているはずです。

興味深いのは、朝日新聞の世論調査では20代と30代以上の賛成が多かったことです。「日本の首相が靖国神社を参拝することに賛成ですか。反対ですか」という問いに対して、

賛成20代60％、30代以上59％

反対20代15％、30代以上22％

という結果が出ました。朝日新聞はたいへんなショックを受けたらしく30面の最後のページで結果を発表した。もし結果が逆だったら絶対1面にしたはずで卑怯なやり方ではありますが、彼らのショックの大きさがよくわかります。彼らは世界観をひっくり返されて虚しさを感じているはずです。

結局彼らは自らを改革するか、時代に取り残されるかのどちらかなんです。でも中国共産党の新聞だったら世論調査結果を捏造したでしょう。朝日新聞でもさすが日本の新聞、

中国とは全然違う。

西村　ところがそうとも言い切れない状況もあります。朝日新聞は去年、人民日報のやり方に近づいたんです（笑）。特定秘密保護法案のアンケートを朝日新聞のウェブ版で取りましたが、結果は賛成のほうが圧倒的に多かった。最初アンケートは特定秘密保護法案のページのトップにあったのに、結果発表のときはいちばん下になって、かなり画面をスクロールしないと見られなくなってしまった。

もっとひどいのは、ある時期から賛成票が反対票を上回ったんだけど、そのときから賛成を押しても反映されなくなって意見も書き込めなくなった。試しに反対をクリックしたら意見を書き込めたから、「こんな姑息なことをするな」と雑誌の連載コラムに書きました。このやり方は人民日報に匹敵するのではないかと思いますね。

石　ヤフーも靖国参拝についてのアンケートを取っています。「安倍首相は政権1年を迎えた26日の午前、靖国神社に参拝。現職の首相が靖国神社に参拝するのは、小泉純一郎首相以来7年ぶりですが、あなたはこの靖国神社参拝を妥当だと思いますか？」との問いに

対して、妥当が80％近くと圧倒的に多かった。

最終的に安倍政権の支持率はやや上がったし、国内的に言えばマスコミのバカ騒ぎ以外は愛国保守の勝利ではないでしょうか。とはいえ、昔みたいに普通に参拝していれば済むことです。実際、80年代の最初まではみんな普通に参拝していたわけですから。

靖国参拝からはじまった「対日包囲網」の経緯

西村　さきほどあったように、反対の人でも中韓が猛反発して外交的に配慮しないといけないからやめたほうがいいと思っている人が多いんです。それだけメディアによる洗脳がまだ影響力を持っています。そのうえ、中国共産党はそんなことはお構いなしで、次々と外交圧力をかけてきています。

石　ただ、今回、面白い現象として、中国は「対日包囲網」をつくって日本を徹底的に孤立させようとしていますが、結論から言えば、ほぼ失敗に終わっています。

これはどういう経緯かというと、安倍晋三首相が靖国神社を参拝してから数日間、中国

政府は予測通り猛反発しました。靖国神社参拝当日に中国外務省が抗議の談話を発表しています。また同時に、王毅外相は木寺昌人駐中国大使を呼びだして、「国際正義への公然たる挑発で、人類の良識を勝手に踏みにじるものだ」と強く抗議しました。同じ日に中国の駐日本大使も日本の外務次官と会談して同じ内容での「厳重抗議」を行いました。

2日後の28日には、中国外交の最高責任者である楊潔篪国務委員が批判する談話を発表しました。「中国政府と人民、国際社会から強烈な反対と厳しい非難を受けるものだ」、外相より格上の国務委員が抗議談話を発表したというのは、中国が最大級の「抗議カード」を切ったということです。

とはいえ、小泉政権時代ならば抗議活動もこれで終わりだったはずです。実際、日本政府も尖閣問題をめぐる日中間の対立が続くなかで、安倍総理の靖国参拝に対し中国側がこの程度の反応を示すのは予想内の事態だったでしょう。

ところが、その後、中国は、自国だけの抗議だけに終わらず、アジアや世界の各主要国と連帯して日本に対する「包囲作戦」を展開しようとしていたのです。

まずは12月30日、中国の王毅外相はロシアのラブロフ外相と電話で協議し、安倍首相の靖国参拝について意見を交わしました。中国側の発表によると、王外相はラブロフ外相

に対し「安倍首相の行為は平和を愛する国家と人民の警戒心を高めた」と述べたうえで、「世界の反ファシズム戦争に勝利した国、安全保障理事会常任理事国として、戦後の国際秩序維持のため共同で対処する」よう呼びかけたんです。

同じ日に、王外相はドイツやベトナムの外相とも電話会談して日本に対する「共闘」の呼びかけを行いました。ドイツやベトナムは靖国とはなんの関係もありません。はっきり言って迷惑千万だったことでしょう。

そして翌31日、王外相は韓国の尹炳世外相とも電話協議しました。そのなかで王外相は「中韓は安倍首相の行為を厳しく非難した。我々の反応は正当だ」と発言して韓国との「連携」を強調しました。この同じ日、中国外務省の華春瑩副報道局長が定例記者会見で、「韓国側と連携して歴史の正義を守る」と述べましたが、それは、王外相の発言よりも一歩踏み込んだ、もっと露骨な「対日共闘要請」です。

いわゆる「靖国問題」を材料にして各主要国を巻き込んで「対日本包囲作戦」を展開していこうとする中国の思惑が見え見えな動きを見せました。

問題は、中国がどうして、日本との全面対決も辞さない覚悟で、このようなたいそうな作戦の展開に踏み切ったのか。そこにはおそらく、二つの大きな理由があると思います。

ひとつに、中国はいままではずっと、安倍政権の展開する「中国包囲網外交」に悩まされてきていることです。以前、私もコラムで「安倍叩きに見る中国の外交的敗北感」と指摘しました。安倍政権は発足以来ずっと、「対中国包囲網」の構築を強く意識したアジア外交と世界外交を展開してきました。

ベトナム、タイ、インドネシアの東南アジア諸国連合（ASEAN）加盟3カ国を安倍首相が歴訪したほか、2013年12月14日には、日本とASEAN加盟10カ国による日・ASEAN特別首脳会議を日本の赤坂にある迎賓館で開催しました。

この会議では、中国が東シナ海に設けた防空識別圏を念頭に「飛行の自由および民間航空の安全を確保するため協力を強化する」とした共同声明を採択しました。

こうした大きな成果を挙げて、日本の国際的立場をおおいに強化した一方、中国は自らへの包囲網が徐々に出来上がっていくにつれて孤立を深めていきます。そうした状況のなかで靖国参拝があったわけです。

そして、中国政府に対日包囲作戦を踏み切らせたもうひとつの要因はやはり、安倍首相の靖国参拝に対するアメリカ政府の態度です。

安倍首相の靖国参拝当日、アメリカ政府は駐日アメリカ大使館を通じて「日本の指導者

が近隣諸国との関係を悪化させるような行動を取ったことに、アメリカ政府は失望している」との声明を発表しました。アメリカ政府はこれまで、小泉首相を含めた日本の首相の靖国神社参拝に公式に反対したことはなく、極めて異例の対応でした。

そして同じ日に、欧州連合（ＥＵ）のアシュトン外務・安全保障政策上級代表の報道官も「地域の緊張緩和や中韓両国との関係改善の助けにならない」と、安倍首相の靖国参拝を批判したのです。

以前、小泉首相の靖国参拝のときには、中国の猛反発に同調しているのはせいぜい韓国くらいでしたが、今回、国際的に大きな影響力を持つアメリカ政府とＥＵが口を揃えて安倍首相の靖国参拝を批判したことは当然、中国政府をおおいに元気づけたと思います。日本への反撃の千載一遇のチャンスだと思ったことでしょう。

西村　逆にいうと、中国がそれだけアメリカとＥＵが安倍首相の靖国参拝に批判的になるような工作活動を仕掛けていたことの証明になります。というのは、中国共産党中央宣伝部が、後で詳しく話しますが、非常に巨額な資金を使って反日プロパガンダを世界中に広めていて、それと同時に情報を得る能力にも優れているわけです。

安倍首相が靖国参拝をすることは当然、彼らも予想していて、その時期を2013年の夏から注意深く探り、タイミングを合わせてアンチ靖国情報が発信できるように準備していたのです。おそらくアメリカのメディアだけでなく、日本のメディア、それに政権与党内部とも情報のやり取りをしていて、タイミングよく靖国参拝への否定的なコメントを発信できる準備も万端だったのではないかと思っています。

そのなかで重要な役割を果たしたのはアメリカです。日本のアメリカ大使館は中国共産党の手がかなり及んでいるという情報があります。日本政府が2013年の夏から首相の靖国参拝の時期を探っていたという情報は、当然、中国も掴んでいたわけです。それも考えてみれば、非常に変な話で、日本人が国内のどこへ行こうと、外国から注文をつけられること自体が異常なんです。

ところが、靖国神社という場所が、日本人の心の拠り所になる聖域であることを知っているから、それだけ、靖国神社への畏怖とも思えるような「恐怖心」が、反日国家の戦略目標になってしまうということを私たち日本人はもっと知るべきです。

日本の本当の独立、自立を押さえつけるのが中国共産党の第一義的な戦略目標であり、最も効果的にその目標を果たすには、実弾やミサイルというリアルな武器ではなく情報戦

で日本を相手に優位に立つことです。日本はその情報戦が最も脆弱なんです。だからこそ、中国共産党は何としてでも首相の靖国参拝を阻止し続けなければいけないという義務を負ってしまった。これはジレンマです。彼らが靖国を何とも思っていなければ、何でもない神社参拝が、逆に、朝日新聞に与えられた歴史カードとして、反日の武器として利用することで、かえって中国を苦しめることになっているのではないかと思います。

それでも、彼らは知っている。ミサイルの代わりにメディアが発信する情報が非常に有効な武器になるということを。もともと、中国共産党には「超限戦」という概念がありま す。1999年に中国共産党人民解放軍の喬良と王湘穂という二人の大佐が書いた本にもなっているものです。一言でいえば、これからの戦争は、あらゆる手段で制約なく戦うもので、通常戦、外交戦、国家テロ戦、諜報戦、金融戦、ネットワーク戦、法律戦、心理戦、メディア戦などを戦闘方法として挙げています。つまり、日本の歴史問題とは、中国共産党に仕掛けられている戦争なんです。

だから、答えはもう出ていますが、日本人は、それこそ政治家であろうと、一般国民であろうと、とにかく、靖国参拝をできる限り多くの人がすることが重要なわけです。首相は毎日参拝に行けばいい（笑）。そうすれば、この戦闘地域に限れば日本が圧勝というこ

とになります。

実は、米中の対立も情報戦では中国が優位に立っているのではないでしょうか。アメリカの軍部、国防総省はオバマ政権の外交力のなさを苦々しく思っているフシがある。

「対日包囲網」で動きまわったのは駐米大使

石 中国からすれば、日本の同盟国であり世界で最も強い影響力を持つアメリカが中国の立場に同調してくれるのならば、作戦の成功はもはや保証されたも同然と、まさに免罪符を手にしたかのような強気な動きを見せたのも自然な流れといえるでしょう。

中国は、作戦の展開のなかで「対米工作」を何よりも重要視しています。実際、安倍首相の靖国参拝に対して、中国の駐日大使よりも批判の先頭に立って最も活発な動きを見せたのは中国の駐米大使・崔天凱です。

考えてみれば変な話です。日本と中国の話なのにいちばん活躍しているのが駐米大使。アメリカを煽って日本を批判させて孤立させようという意図がよくわかります。

崔大使は2014年の新年早々の記者会見で「靖国問題」を取り上げて、安倍首相の靖

国神社参拝に込められた意図を「安倍氏は歴史を書き換え、再度軍国主義の道を歩みたいと考えているのだ」と述べています。

日本側からすれば疑問を呈したい内容ではあるけれども、かつては「日本軍国主義」と戦ったことのあるアメリカにとっては、「安倍が軍国主義の道を歩もうとしている」というのは、アメリカ国民とアメリカ政府を十分に刺激するうえ、「反安倍・反日」へと誘導する可能性がありました。もちろん中国はその効果を狙っていたのです。

台湾の中央通信社が1月4日に掲載した記事によると、崔大使は記者会見のなかでさらに、「安倍首相の考えはアメリカの立場とも合わない」と言って露骨な日米離間を謀りました。その一方で、「同盟国であるかどうかに関係なく、大国としての責任のある立場をとってほしい」と述べて、日本に圧力をかけることをアメリカ政府に求めています。

それから1週間後の1月10日、崔大使は米紙ワシントン・ポストに寄稿し、「中国やアジアの多くの国の人々を深く傷つけた」として、安倍首相の靖国参拝をあらためて批判しました。そしてさらに1週間後の17日、今度は米公共放送（ＰＢＳ）でのインタビューで、靖国神社に参拝した安倍首相について「戦後の国際秩序に本気で挑もうとしている」と非難したのです。

しかし、彼自身と中国にとってはとても残念なことに、この「誘導作戦」はいまのところ、ほとんどなんの成果も挙げていません。オバマ政権の高官の誰一人として、彼の日本批判に同調した痕跡がないし、アメリカの国務長官はロシア外相のように中国外相との電話協議に応じた気配もない。結局、崔大使がアメリカで行っている一連の日本批判は、観客のいない一人芝居のような寂しい結果に終わっています。

それどころか、中国を興奮させた例の「失望声明」を出してからまもなく、アメリカ政府の態度は徐々に日本にとって有利な方向へと変わっていきました。

その変わり目は、12月30日に行われたアメリカ国務省のハーフ副報道官の記者会見です。そのなかではハーフ副報道官は、安倍首相の靖国参拝の直後にアメリカ大使館が「失望する」との声明を出したことに関して、それは靖国参拝そのものに対するものではなく、日本と近隣諸国との関係悪化に対する懸念であると釈明しました。

西村　むしろ「中韓に失望した」という意味のほうが強いと思いますね。

石　中韓が騒いだから「失望」と言わざるを得なかったということですね。中国は外交が

上手とか賢いとか言われますが、実際は全然ダメです。特に習近平政権になってからは本当にダメ。完全にアメリカの考えを読み間違えたんです。

ハーフ副報道官はさらに、「日本との同盟関係に変わりはない」と強調して、日米の離間を謀る中国につけ込む隙をいっさい与えなかった。ちなみに、「失望声明」にしても、最初に「日本は我々の友人であり同盟国である」と言っているんです。

ハーフ副報道官による態度表明は、中国の危うい動きを察知しての措置であるとも理解できるでしょう。

中国が読み違えたアメリカの本音

西村　石さんがいま述べた、安倍首相の靖国参拝をめぐる中国の反応の経過説明には、ほとんど同意します。そこで重要な点を捕足したいと思います。それは、アメリカの「失望」発言が12月26日の大使館声明で出たわけですが、それから30日の、ブロンドの（笑）ハーフ副報道官コメントまでの間で、なぜ変化をしたのかということです。

これは対日戦略の「歴史カード」であって、ある意味、米中が共同戦線を張っていたと

ころに、予想もつかない激烈な反撃ミサイルが日本から撃ち込まれたということなんです。

ケネディ駐日大使が実際に発言したわけでもない、ただアメリカ大使館のホームページに掲載されただけなんですが、「失望」というメッセージが出ると、アメリカ大使館のフェイスブックに、ものすごい数の批判が寄せられました。アメリカ大使館のホームページにも日本人の怒りのメールが相当数送られた。みんな普通の一般国民がアメリカの反応に激怒したわけです。

あの日、ケネディ大使は大使館にいなかった。そもそもスキーに行っていたんですよ。そんなことも報道されなくても多くの日本人が知ることになった。ますます日本人の怒る根拠ができたというわけで、「失望」があらかじめアメリカ政府が用意していた言葉であったことも、メディアが解説しなくても情報感度が高い日本人はわかってしまった。

私はアメリカが驚いたと思います。フェイスブックは実名で登録するSNSです。そこに多くの日本人から批判が寄せられた。おそらく、アメリカはあれだけの反発があるとは想定してなかったでしょう。なにしろ私も批判のコメントを書いたし、すぐそばに経済評論家の上念司さんのアメリカ批判のコメントがあった(笑)。

これまで反日サヨクを中心とするいわゆる左翼の反米主義者がアメリカ批判をすることはあっても、あれだけ広範囲の政治的党派性のない日本人からの批判がアメリカ大使館に向かったことはなかった。組織的な動員ではないわけですから、そんなことは天下の大アメリカ合衆国ならわかることです。

日本人が本当に怒っているという現実を前にしてアメリカ政府も、そんな日本の世論に対応せざるを得なくなったというのが、その3日間でのアメリカ政府の「失望」の意味の変化の原因だと思います。

しかも、寄せられた批判は、全部読んだわけではありませんが、非常にレベルの高いものが多く、アメリカもギャフンとなった。それが大きな転機になったと思います。アメリカが日本と近隣諸国の関係悪化を嫌っていることを批判するコメントも多かった。

アメリカの情報を取る能力もずいぶん劣化したと思いますが、アメリカが公式に建前としていう、「日本と近隣諸国の関係悪化を望まない」というメッセージの嘘を、もう見抜ける日本人が増えてきたんだと思います。そういう意味でも「反日の敗北」です。アメリカは決して日本との関係悪化を望んでいないのは当然のことです。

石　アメリカがなぜ、日本と近隣諸国との関係悪化を憂慮しなければならないのかとなると、それこそ日本国内外の多くの有識者たちが指摘しているように、山積している国内問題やシリア問題への対応で手一杯のオバマ政権は、いま、東アジアで緊張が高まって衝突が起きるような事態の発生を何よりも恐れているからです。つまり、東アジアの安定を望むその思いこそ、アメリカ政府の日本に対する「失望声明」の根底にあるものなのです。

よく考えてみれば、まさに同じ理由から、オバマ政権は決して、日本との関係悪化も望まないはずです。というのも、もし両国関係が悪化して日米同盟が動揺してしまうような事態となれば、それこそがアジア地域の安定を脅かす最大の不安要素となるからです。

つまり、オバマ政権は、いわゆる「靖国問題」の一件で日本との同盟関係に亀裂を生じさせるような愚行に及ぶようなことは決してしない。逆に、日米関係を動揺させるような誤解が広がる事態になれば、むしろアメリカ政府のほうは急いでそれを解消して日本との同盟関係を正常な軌道に乗せていかなければならない。ハーフ副報道官の発言は、まさにオバマ政権のこうした努力の一環です。

ところが中国は、アメリカ政府の「失望声明」をチャンスだと勝手に思い込み、それに乗じて日米同盟の離間に重点を置いた対日包囲網作戦を展開しました。その作戦自体、間

違った状況判断と勝手な思い込みのうえで行われれものだから、そもそも最初から成功する見込みがなかったのです。

西村　そうですね。それも非常に重要なポイントです。

石　いずれにせよ、ハーフ副報道官が声明を出したことで状況が変わりました。まず、31日に中国の外相が韓国の外相をつかまえて電話協議しましたが、連携には応じなかった。

韓国の聯合ニュースでは、この会談を「日本との歴史問題をめぐり、王外相が韓国側に連携を呼びかけたとの観測があるが、韓国政府は『国ごとに対応する問題』との立場だ」と解説したうえで、「韓国政府は日本と協力する分野もあり、韓米日の協力の必要性もある」、「歴史問題で中国と全面的に連携するのは望ましくないというのが政府内外の雰囲気だ」と伝えています。

さらに1月7日、アメリカで行われた米韓外相会談のあと、韓国の尹炳世外相は「歴史問題が地域の和解と協力を進めるうえでの障害になっている」と語り、安倍首相の靖国神社参拝で冷え込む日韓関係を会談で取り上げたことを明らかにしましたが、ケリー国務長

官は、会見では日韓関係についていっさい触れなかったし、安倍首相の靖国参拝にたいする批判はいっさいしなかった。

つまりアメリカ政府は、さきほどのハーフ副報道官の発言をもっていわゆる「靖国問題」に終止符を打ちたい考えであり、それを韓国側にもしっかりと伝えたわけだったのです。

おそらくアメリカのこの態度の影響からか、同盟国として日本以上にアメリカに傾倒している韓国は、この日の米韓外相会談の前から、安倍首相の靖国参拝に対する批判のトーンを下げはじめていました。

実は、韓国側のこの変化をいち早く察知したのは中国のメディアでした。1月6日、共産党機関紙の人民日報と同じ系列の環球時報は、「朴槿恵大統領に異変!? 日本批判をトーンダウン―」とする記事を掲載して韓国政府の「豹変」を嘆いて暗に批判しましたが、それはもはや後の祭りです。中国が「対日共闘」の重要国としておおいに期待していた韓国はついに、中国との「共同戦線」から離脱してしまいました。

ロシアの「裏切り」は当然の結果

西村　韓国はこの時点で、拙劣な「反日告げ口外交」をアメリカに呆れられたことに少し気づいたからです。王毅外相が展開した電話協議でいちばんいい返事をしてきたのはロシアでした。ラブロフ外相は「ロシアと中国の立場は完全に一致する。日本の誤った歴史観を正して地域の緊張を激化させる行動をとらないように促す」という、中国からすればすごくいい返事をした。ところがロシアはしたたかです。年が明けて1月になると、突然ロシア政府と日本政府が協議して安倍首相のロシア訪問が決まりました。

石　要するにロシアは日本と中国で「二股」をかけていたんです。ロシアが考えているのは、当然ながら自分たちの国益ですから、中国の口車に乗るつもりはまったくありません。

ロシアは日本の協力を取り付けて極東開発を進めたい。むしろいちばん危惧しているのは中国の移民問題です。ロシア人の定住者が少ない極東地域での中国からの（不法）移民

拡張を警戒しています。当然、中国を牽制するために日本とも近づく算段はありました。

結果としてロシアに二股をかけられていたと知って慌てた中国は、急いで習近平のオリンピック開会式出席を決めました。もともと行く予定はなかった。彼らにすれば恥を忍んでの行動です。習近平は就任直後にロシアを訪問したので今回の訪問は2度目になりますが、プーチン大統領は習近平就任後まだ一度も中国に行っていない。普段なら大国の面子を保つためにこんなことはしませんが、習近平には面子を考える余裕がないんです。

プーチンとの会談で「終戦から70年に当たる来年に勝利式典をやる」という約束を取り付け、ようやく面子を保つことができました。習近平からすれば政治的な成果ですが、ロシアからすればどうでもいいことです。現実の外交では、プーチンは習近平と会談した翌日に安倍首相を昼食に招待して2時間以上会談しました。

西村　プーチンの安倍首相との親密度の演出はすごかった。以前贈られた秋田犬まで出してきて「時々噛むんですよ」なんて言っていました。

石　しかもその会談でプーチンの来日も決まっています。習近平はプーチンに梯子(はしご)を外さ

れたんです。はっきり言ってプーチンのほうが一枚上手です。正直、私もロシアは嫌いですが、プーチンにはヤクザとしての貫禄がありますね。

その後のロシア政府の「裏切り」で落胆していた中国政府をさらに意気消沈させた出来事があります。1月17日、新設された国家安全保障会議（NSC）事務局「国家安全保障局」の谷内正太郎局長がワシントンを訪問し、ケリー国務長官、ヘーゲル国防長官、ライス大統領補佐官（国家安全保障問題担当）と相次いで会談しました。そこでは日米のNSCが緊密に連携していくことを確認しました。日米同盟を動揺させるつもりはないというアメリカの意思表明です。

これで、アメリカの「失望声明」に乗じて展開されてきた中国の日本包囲作戦はまったく徒労に終わってしまったんです。

習政権の「防空識別圏」と強硬外交

石　「対日包囲網」は失敗に終わりましたが、習近平政権は外交面において非常に強硬的です。「尖閣問題」をめぐっての対日姿勢はその典型です。

日本政府が尖閣諸島の国有化に踏み切ったのは2012年9月のことでしたが、この年の11月の習政権発足以来、中国側の一方的な挑発がエスカレートし、中国海警局の公船による日本の領海侵犯はほぼ日常となってしまい、有人・無人機の領空侵犯も何度もありました。

2013年1月には、中国海軍が日本の海上自衛隊艦に対してレーダー照射の実施という危険極まりのない挑発行為をします。そして11月、中国政府は東シナ海上空の航空の自由を勝手に制限する「防空識別圏」の設定を発表しました。

さらに、年末に安倍首相が靖国神社に参拝すると、中国は安倍首相のことを「安倍」と呼び捨てにして、全面対決の姿勢を明らかにしました。習政権の対日外交はこれで、妥協と和解の余地をいっさい残さない「戦闘的な革命外交」の境地にまで達します。

その矛先は南シナ海周辺の東南アジア諸国にも向けられている。特に今年に入ってから、中国が南シナ海各国の漁業活動への恣意的な「規制」を一方的に発表したり、ベトナムの漁船を破壊したりと、まさに傍若無人です。

フィリピンやベトナムなどの関係国は猛反発して中国との対立姿勢を強めていますが、フィリピンのアキノ大統領にいたっては、いまの中国を第二次世界大戦前のヒトラーにな

ぞらえて批判しています。

米中関係も溝が深まるいっぽうです。2013年6月に習近平が訪米して、オバマ大統領との長時間会談に臨んだとき、米中は歩み寄って「大国関係」の構築を模索した痕跡もありましたが、その後、中国が「防空識別圏」の設定を発表し、さらに南シナ海上空まで拡大しようとするに至って、アメリカの習政権に対する不信感は一気に高まりました。

西村　ただ、3月になってクリミア半島情勢の悪化から一気にウクライナ危機が高まると、ロシアと中国の関係が急速に良くなりました。これは新しい可変要素で、4月以降は日本もアメリカやG7諸国との関係を保つために、西側の対ロシア経済制裁に同調せざるを得なくなった。これは、安倍政権にとって痛手です。せっかくロシア外交をこれまでにないくらい順調に進めていたのに、ロシアとの話の腰を折られる恰好になった。このままではプーチンの来日も危ぶまれる事態になるかもしれない。やはり外交は可変的要素があるから難しいですね。

日本が安倍外交のおかげで、せっかく中国の対日包囲網を無力化する方向に進んでいるのに、ひとつの障害となっています。しかし、このロシアとの関係は地政学的な可変性に

過ぎず、ロシアと中国が基本的に相手を信用してない同士という、危うい基盤の上での中ロ関係に過ぎません。

ただ、大きな懸念があり、いまの時点で、ロシアと中国が尖閣諸島の付近で軍事演習を行うというとんでもない情報も入ってきています。もし、それが実現すれば、完全に日本の危機となるばかりか、日米首脳会談で世界中に宣言した「強固な日米同盟」への極めて危険な挑発になります。ウクライナ問題が1989年に高らかに宣言された「冷戦終結」を打ち砕くことになる。

アメリカ大統領選挙で、マケイン共和党大統領候補がウクライナ問題でオバマを激しく非難していましたが、それが現実のものとなります。最初にクリミアにロシア軍が進出したときに、マケインは「プーチンは世界を冷戦時代に戻そうとしたいのか」と雑誌やツイッターで非難しましたが、それが現実のものとして目の前に現れるかもしれません。そうなると、これまで複雑だった「反日の構造」が誰にでもわかりやすいものとして日本人にも見えるはずです。ただ、問題は、韓国がどちらに付くのかということになります。

石　しかし、習近平はそれでも挑発をやめようとせず、12月には中国海軍がアメリカ海軍

のイージス巡洋艦の航海を妨害するような際どい行動に出たかと思えば、２０１４年１月、中国政府はまた、米ニューヨーク・タイムズの記者に対する事実上の国外追放に踏み切った。とにかく何でもかんでもアメリカと喧嘩しておこうという、昔の紅衛兵の振る舞いを彷彿（ほうふつ）させるような乱暴な外交姿勢です。

ここまでくると、さすがのオバマ政権も堪忍袋の緒が切れて、2月に入ってから、アメリカは中国の防空識別圏拡大に関して「緊張を高める挑発的で一方的な行為とみなす」とあらためて警告しました。ケリー国防長官も訪米した岸田文雄外相との会談において、中国の防空識別圏設定に対し「受け入れられない」とし、さらに「地域の平和と安定のために日米韓連携は重要だ」とも強調しました。

「地域の平和と安定のための日米韓連携」とは、北朝鮮と中国の両方を意識した発言であることは明らかです。

中国の信用失墜と孤立化、安倍政権への追い風

石　安倍首相が一歩を踏み出したことでアメリカは二つの戦略しかなくなりました。ひと

つは日本を切り捨てて自分たちだけで中国に対抗することですが、アメリカにそれはできません。もうひとつは安倍政権を「認める」こと。踏み出した以上は認めざるを得ない。なにしろ、安倍政権を潰して、また民主党政権みたいな混乱を引き起こされてはアメリカもたまらないからです。

しかも、安倍首相の靖国参拝は政治的な意味もないんです。いろいろなことを考え抜いたうえで自分の信念に基づいて一歩を踏み出したに過ぎません。ところが、それがかえって彼が思い描いてもいなかったような政治的な力が発揮されて大きな活路を拓いたことになります。

実際、中国が「防空識別圏」を設定した時点で、アメリカは二股をかけるつもりでした。バイデン副大統領は、日本では安倍首相とともに反対し、中国では取り込もうとした。中国からすればバイデンは習近平の窮地を救ったのです。

オバマ政権は天秤にかけていたわけですが、最後の流れをつくったのが靖国参拝です。参拝は外交問題ではありませんが、外交的に大きな賭けに出て勝ち、新しい局面をつくり上げた。

西村　靖国参拝の政治的な効力は、実は、反日国家や連合国（国連）の旧態依然としたアンシャン・レジーム（旧体制）に囚われた国が政治問題化することで発揮されるという、逆説の上に存在しています。つまり、先ほども言ったように、靖国参拝が戦後レジームという旧体制に揺さぶりをかけ、打破する起爆剤になるんです。

そんな首相の靖国参拝の前に行われた、東京でのASEAN会議の開催もすごいことでした。ASEAN10カ国の首脳全員を東京に呼んだわけだから、習近平は真っ青でしょう。ASEAN諸国の態度を見ればアメリカも軸足を北京から東京に移さざるを得ない。アメリカの決断を変えさせたのはやっぱり安倍首相の力です。

破綻しはじめた反日教育、覚醒する中国のネット世論

石　2013年7月14日、中国中央テレビ局は日本での現地取材を内容とする報道番組を放送しました。いわゆる「歴史認識問題」をテーマにした番組です。

中央テレビ局といえば、中国における反日教育と反日宣伝の中心的な存在ですが、この報道番組も当然、宣伝目的でつくられたものです。

中国人記者は日本を取材して、町を歩く中学生たちをつかまえて、「日中戦争中に多くの中国人が死んだことを知っていますか」、「南京大虐殺を知っていますか」などの質問をしました。咄嗟のことで中学生たちは「知らない」と答えると、番組の解説者はすかさず「なるほど、日本の歴史教科書は歴史を改竄して子供たちに侵略の歴史を教えていないから、こうなったのですね」と、日本の歴史教育への批判を繰り広げたわけです。

中国では昔から、この手の反日報道が日常的に行われてきて、それなりの効果を上げています。今回も同じことの繰り返しかと思えば、実は多くの視聴者から上がってきたのはむしろ意外な反応だったのです。

人民日報社の開設する「微博（ミニブログ）」専用サイトで番組を動画付きで紹介したところ、多くの利用者がコメントを書き込んでいますが、そのなかには、例えば次のようなものがずらりと並びました。

「中国人民は皆知っている。よく嘘をつくメディアは人民日報、よく捏造する教科書は中国の教科書だ。お前らこそ、毎日のように中国人民を騙しているのではないか」

「文革以来、いったい誰が多くの中国人民を惨殺してきたのか、日本人ではないぞ」

「自国の歴史さえ正視できないこの国は、他国に正しい歴史認識を求めることができるの

か。嘘ばかりをつくこの政府は、他人に真実を語れと要求できるのか」

……等々です。このような辛辣なコメントが書き込まれたことを見ると、政府の行う反日宣伝は完全に裏目に出ていることがわかります。

「日本の教科書が真実を教えない」と批判すれば、「中国の教科書こそ嘘ばかりではないのか」との反論が返ってくるし、「南京大虐殺が忘れられた」と騒げば、「お前らこそ多くの中国人民を殺したのではないか」と突っ込まれる。反日宣伝をやったぶん、それはすべて、政府自身に返ってくるのです。

この放送から1カ月ほど後には、「網易」という民間サイトが「日本の歴史教科書と中国の歴史教科書、どちらのほうが嘘をついているのか」というネット上の討論を開始しました。

一般ユーザーにも意見を求めたのですが、「日本の教科書のほうが嘘をついている」と答えた回答者数は２７３０人であったのに対し、「中国の教科書のほうが嘘つきだ」と答えたのはその数倍の８９４９人でした。

御用宣伝機関筆頭の中央テレビ局も政府発行の歴史教科書も多くの中国人民に「嘘つき」だと認定されているなかでは、反日教育を含めた、政権の行う思想教育・統制それ自

体はほぼ失効していることがよくわかります。

中国政府が長年やってきた反日教育が結局、政府批判展開のきっかけをつくったのに過ぎないのであれば、「いったいなんのための反日だったのか」と嘆いていることでしょう。

インターネットの発達する情報化の時代、市場経済のなかで多くの人々が自立的な生活基盤を得て自由な思考をはじめたこの「啓蒙の時代」、共産党政権は国民大半の頭と心をコントロール下に置くことはもはやできなくなっています。

国民規模の「思想解放運動」はただいま展開している最中。そして思想の統制が崩壊した暁には、政治の統制はあとどれくらい維持できるのか。それこそは、まさに今後の「見どころ」となるでしょう。

西村　非常に重要な指摘ですね。全体主義体制の要である思想統制、情報統制が、インターネットの出現でやりにくくなっている。これは中国共産党にとっては、深刻な状況でしょう。石さんが言った「啓蒙の時代」という言葉も非常に意味があります。

というのも、中国はまさにいま、「啓蒙の時代」を迎えているということなんです。近代化の端緒に着いたということなんです。日本では100年以上前、ちょうど明治初期に

福沢諭吉や明六社の人たち、そして、中江兆民などの力で自由民権運動が起きました。そんな明治の初期はまさしくヨーロッパの民主主義の概念をどうやって日本に取り入れるかという、近代のローカリゼーションに日本は挑んでいたわけです。それが日本の近代化でした。中国は日本が１００年前に行った近代化にいま取り組んでいると言ってもいいのです。

したがって、もし、中国共産党の一党独裁が揺らぎ出せば、石さんが以前から言っている理想の中国、いくつかのそれぞれ独立した民主国家による緩やかな連邦制のような政体に変化できる可能性が出てきます。それは、やはり言論の自由、思想の自由がある国家になって初めて実現できるわけです。そうすれば、中国共産党が強制した歴史認識も自然と正常化して、中国の反日は無くなるんではないですか？　それが、朝鮮半島との大きな違いだと思います。

石　それと、江沢民時代からつくり上げられた「日本、すなわち悪」というイメージにひとつの風穴をあけたのは、２０１１年に起きた東日本大震災です。あの大きな震災は、中国でも関心を持って、いろいろな記者を日本に派遣してきました。自然災害ですから、中

国政府からもそんなに厳しく制限されていません。取材班が実際に震災の状況と被災した日本人を見て書いた記事が、多くの中国人の日本人に対するイメージを一変させました。

中国のネットでも、かなりの同情的な意見、あるいは、被災者たちを労う意見が多かった。昔だったらあり得ない話です。「日本人はすごいね」ということを中国人は認識したわけです。混乱のなかでも略奪が起こらなかった。みんな思い遣りの精神を失わなかった。規律正しくみんなが行動する。日本の政府を褒めたことはないけれど、中国のマスコミでさえ、日本人の自制心に感動するわけです。

例えば、北京の地元紙が朝刊の一面に、震災当日に東京駅で撮った写真を掲載しました。ご存じのように、震災当日の夜、会社員たちは帰れなくなりました。みんな東京駅に留まって、何十万人と、夜を明かしたわけです。新聞には東京駅構内の階段とエスカレーターの写真が掲載されていました。帰宅できない会社員たちが座り込んで、夜が明けるのを待っている。しかし、あんな大混乱のなかで、中国の記者が感心したのは、階段に座り込んでいても、真ん中にちゃんと人が歩いて通れるスペースを空けてあったことです。別に警察が指示してやらせたわけではありません。誰がそうさせたわけでなくても、日本人は自主的にそうしてしまう。

中国人はそれを見て、もうたいへんなカルチャーショックを受けてしまいました。こうしたことが日本に対する再評価につながった要因のひとつとなりました。震災についてそういう話を語るのは何か残酷に聞こえますけど、ある意味では、震災そのものではなくて、震災後の日本人の行動が、中国における反日の流れを変えた出来事だったんです。

西村　元中国人だけあって、そういう視点で話してくれたので気づかされました。確かに震災以降の中国メディアには変化があります。意図的にやっているのかもしれませんが、例えばネットメディアの「レコードチャイナ」が、日本に関する感想や、日本旅行記のブログなどをよく日本向けに紹介していますが、その内容も「日本に感心した」とか、そういうものしか紹介していない。あれはいかにも親日派の中国人が増えているということをアピールするための逆のプロパガンダかもしれませんが、そう思っている人は確実に増えているのでしょう。

とはいえ、いまの石さんのご指摘は非常にリアリティがあって、これまでとは違う捉え方というのが、社会的な潮流としてあることも事実でしょう。

深刻な経済問題と習政権の末路

石　外交的に失敗していると同時に、いまの習近平政権は経済などの深刻な国内問題にも直面しています。いまの中国経済を簡単にまとめると、政府が大量に紙幣を刷って、市場に投入して、財政出動や金融緩和をして、不動産バブルを支えて公共工事を拡大し、なんとか高度成長を引っ張ってきた。しかし、そういうやり方が全部裏目に出たというところです。

もう少し具体的に言えば紙幣を刷りすぎてインフレになり、物価が高騰して国民の生活は苦しくなり、政権が危うくなる。そこでインフレを退治するために急に金融締め付けを行った。そうして中小企業にお金がまわらなくなって、みんな倒産して不動産も沈没する。そうやっているうちに正規の銀行からお金が出てこなくなると、高い金利でお金を貸す闇金融が台頭していく。そうした闇金融がどんどんふくらんできてシャドーバンキングになるのです。

シャドーバンキングは闇金融でありながら、半ば合法化したかのようなグレーゾーンな

存在として成立しています。多くの国有大企業、銀行、消費者、全部を巻き込んでたいへんな融資額になっています。ところが、シャドーバンキングは金融理論的には必ず破綻するモデルです。その理由としてはシャドーバンキングから借りている中小企業は倒産して借金を踏み倒すからです。地方政府も借りているがこちらも最初から返済するつもりがない。公共事業に投資すると言って借りるけれども、やる前から半分のお金が賄賂に消える。残りの半分が投資されたとしても経済的な利益を生まないので、要するに不良債権になってしまう。

また、不動産業界もシャドーバンキングから借りているが、2013年末から2014年春のいま現在も、中国の不動産は売れなくなってしまった。物件の値下げがはじまり、いずれ不動産価格が暴落してバブルが崩壊する。彼らが借入金を返せなくなると、シャドーバンキングも破綻する。金融も崩壊します。

不動産経済と金融が崩壊したらもうおしまいです。生産活動もできなくなり、中産階級が全滅して、内需拡大はますます不可能になる。いままで中国の繁栄を支えてきた不動産投資バブルと、それにぶらさがってきた産業は全部ダメになる。

もうひとつ、中国経済を引っ張ってきたのは対外輸出です。海外に大量に中国製の安い

ものを輸出してきました。ある意味、中国経済に貢献してきたのは日本のような輸入国があったからです。おそらく西村さんがはいている靴下も中国製ですよ。しかし、輸出の急成長はもう止まった。インフレのなかで人件費が上がると、安い商品がつくれなくなる。今年になってから輸出はマイナス成長になっています。

これまでやってきた高度経済成長の戦略はすべて破綻していて、要するに、中国の経済がこれからどれくらい成長するかが問題ではなくて、どこまで落ちるかというのが問題になってくる。

中国は経済成長している最中にも、年間20万件もの暴動が起きる国です。経済がダメになると、失業が増え、貧困層がますます苦しくなる。ますます社会が不安定になります。

２０１３年はまだ経済成長率は７・６％ありました。しかし、それでも６６９万人の大卒の約３割に当たる約２００万人が就職できなかった。特に農村出身の大卒生は厳しかった。

しかも政府の発表した数字だけでもこの数値です。だいたい中国は政府の発表した数字×２が正しい数字という定説があります。そうすると４００万人ですよ。毎年４００万人就職できないような国はいずれ爆発します。

また、農村出身者の就職難があることからもわかる通り、爆発のおそれがあるのは農民工と呼ばれる農村から都市部に流れて生計を立てている人たちです。この人たちが約2億6000万人もいる。中国のバブルが崩壊したら、建築現場が激減して、そうした人たちが吐き出される。でも農村には戻れない。農村にも、耕す土地も何もない。そうすると流民になる。中国の歴史から見ても、流民が大量発生したら王朝の崩壊が起きる。「黄巾の乱」のようになる。

これらが習近平政権が直面している現状です。すでに一部の人たちが習近平のことを「ラスト・エンペラー」と呼んでいるのにはそれなりの理由があるということなのです。

そうしたなか中国でいま何が起きているかというと、「移民ブーム」です。政府の高官が親族をともなって一斉に海外へ逃げ出している。ネズミが逃げ出しているということは、そろそろ船が沈没するということです。

西村　昔は経済成長率が8%を保っていないと中国は崩壊すると言われていたけれど、それが政府の公式発表でも8%切っているわけですね。

石　実質の成長率はせいぜい2〜3%ですよ。これから毎年落ちていきます。

西村　それだけひどい状況ということですよね。もはや社会不安どころじゃない、動乱が起きる要素をそれだけ抱えているということですよね。

石　もうひとつ日本が気を付けなければいけないのは、中国の社会不安がますます高まってくるなかで、習近平政権は「強軍」を唱えて戦争の準備を着々と進めている。混乱の収拾がつかなくなると、独裁政権というのは意図的に外に危機をつくるようになる。

国外に敵をつくって国民の目をそらして国内の危機を回避しようとします。どこにやるかというと、南シナ海、そして東シナ海です。要するに日本が当事者になる可能性があるということです。

中国が破滅するのは目に見えていますが、破滅する前に暴れることを警戒しなくてはいけない。ただで破滅するつもりはないですよ。

西村　2013年6月、朴槿恵が習近平に安重根の記念碑の建立について協力を要請した

ところ、記念碑どころか記念館をつくってあげた。習近平にしてみれば、飛んで火にいる夏の虫なんですよ。自国民に外の敵としての日本像をつくりだすために、韓国の反日はおあつらえ向きなわけですよ。韓国は反日の話題を次から次へともってきてくれるので、習近平はそれを楽に利用できる。朴槿恵はそういうことにまったく気が付いていません。

石　しかし、それでどこがいちばんバカをみるかといえば韓国ですよ。韓国の中国に対する経済依存度はますますひどくなっている。日本のマスコミは「日本は中国に対して経済依存しすぎている」と批判しますが、それはまったくの嘘です。日本のＧＤＰの輸出に占める割合はせいぜい十数％。しかも大半が中国ではない国です。経済評論家の三橋貴明氏の計算によると、対中国の輸出がＧＤＰに占める割合は２、３％程度。それを失うのは痛いけれど致命的ではない。

　ところが韓国は完全に対外依存型の経済。輸出が止まると韓国経済は一気に崩壊します。そして最大の輸出先が中国。韓国は知らず知らずのうちに自分たちの運命を中国経済とともにしてしまっている。いずれ崩壊するのが目に見えている中国経済にです。

　要するに韓国がいまやっている反日運動は自分の首を自分で絞めることでしかない。こ

こまで反日をやってしまっては、日韓ＦＴＡ（自由貿易協定）の実現はもはや不可能です。日本市場を失って、中国経済が崩壊したら、韓国は立ち行かなくなる。

そうなることを韓国は理解していない。中国の崩壊とともに韓国を待ち受けている結末を予想できない朴槿恵がいちばん愚かな道を選んでいるといえるでしょう。

三章

反日小中華・韓国の苦境と自滅

「反日一辺倒外交」に舵を切る朴大統領の愚行

石　2013年2月に韓国の朴槿恵大統領が就任して以来、日韓関係の改善の兆しは見えないままです。もっとも、中国語が堪能で中国文化が好きな朴氏が大統領になるのだから、それまでの韓国外交の優先順位だった「米・日・中」を「米・中・日」へと変更して日韓のある程度の冷え込みは避けられないということは予想できたかもしれません。しかしそれにしても日韓関係のこう着状態はあまりにも異常です。

朴大統領は安倍首相との首脳会談を頑なに拒む一方、国内と国外でのありとあらゆる機会を使って日本に対する批判を繰り広げています。訪米中に米議会で演説を行うときでも、名指しを避けながらもあからさまな日本批判を展開しました。挙げ句の果てには、韓国訪問中のヘーゲル国防長官にたいして「歴史に逆行した発言をする日本の指導部のせいで、信頼を築けない」と述べています。

一国の大統領でありながら、「安倍君が悪い」という小学生レベルの告げ口をするありさまです。その結果、現在の日韓関係は今世紀以来の最悪な状況になっていることは周知

の通りです。

本来ならば、朴大統領の就任は、前任の李明博（イミョンパク）大統領が竹島上陸を断行して以来悪化した日韓関係を修復するための絶好のチャンスだったはずです。２０１２年の12月末、朴氏が大統領に選出された直後に、日本側の安倍政権がさっそく韓国への特使派遣を決めたのと同時に、２０１３年2月22日に開催する予定の政府主催「竹島の日」式典への安倍晋三首相や閣僚の出席を見送る方針を固めました（島尻安伊子内閣府政務官が出席し、２０１４年も同様だった）。韓国の新大統領に対する最大限の配慮であり、「竹島問題」で韓国と喧嘩するつもりのないことを明確に示しています。

朴大統領が日本側のこのような好意を受け止めて、「竹島問題」を棚上げにしたうえで、日本との関係改善にこぎ着けるのは実に簡単なことです。もちろんそれは、韓国の国益にもおおいに叶うことです。本来なら日本の領土である竹島が事実上韓国によって実効支配されている状況下では、この問題を棚上げにしたままの関係改善は、誰の目から見ても韓国にとっての有利な展開です。

もちろん、日本と関係改善することのメリットはそれだけではありません。すでに述べているようにいわゆる「尖閣問題」をめぐって激しく対立している日中とアメリカのどこ

にも偏らずに良い関係をつくっておいてバランサーとしての役割を果たせばよかったのです。

しかし、朴大統領は、韓国自身にとって最も賢明であるはずの外交戦略にまったく興味を示さなかった。彼女の選んだのは結局、中国に必要以上になびいて「中国一辺倒」の外交を遂行する一方、日本と徹底的に喧嘩していく道です。

西村　もともと彼女は大統領になる前から反日親中だったんです。そして、もう一人の大統領候補が反日親北だった。ここからもいまの韓国を象徴するような救いがたい状況がわかると思います。結局、反日が国是となっているので、韓国人にとっては反日がアイデンティティになるわけです。そういう意味では日本とまともな外交関係を築くなどあり得ませんよね。また、そういう自らの立ち位置を客観的に捉えることができないのが、韓国の悲劇であり、喜劇なんですね。

石　朴大統領は就任直後の2013年3月1日、1919年に起こった「三・一独立運動」を記念する式典で行った演説のなかで、今後の日韓関係に関して「(日本と韓国の) 加

害者と被害者という歴史的立場は、千年の歴史が流れても変わることがない」と述べました。

それを皮切りにして、朴政権は以降半年間、いわば歴史問題を日韓間の最大の争点として頻繁に提起しながら、安倍政権の「歴史認識の誤り」に集中砲火を浴びせ、日本側の「反省と誠意ある対応」を強く求めてきました。

日本との関係改善の条件として、あるいは日韓首脳会談に応じる前提として、韓国が持ち出したのも、やはり「歴史認識問題」です。何もかも歴史認識問題の一点張りで、この問題が日韓関係のすべてであるかのような異様な固執ぶりです。

朴政権はいったいどのような国内的理由があって、それほどまでに「歴史認識問題」に固執しているのか。そもそも、各国には各国独自の歴史観があるのは国際社会の常で、他国がとやかく口を出すべきものではありません。日本の場合、安倍首相、あるいは安倍政権が前政権の民主党政権と違った歴史認識を持っていることは事実です。

しかしそれは、韓国の大統領がどのような態度を取ったとしても変えられるようなものでもなければ、変えてよいというものでもありません。日本国民が安倍晋三を選んで自民党を政権の座に就かせた以上、安倍政権がどのような歴史認識を持とうとも、外国の韓国

にとって、それは単なる外交的に直面しなければならないひとつの既成の事実であり、どうにもならないことです。

そして、一国の行うべき冷静な外交というのは、まさにこのような既成の事実を客観的な条件だと捉えたうえで、自国の利益を最大限に図るための現実主義的なアプローチをとることです。つまり、いまの韓国にとっては、安倍政権の歴史認識を変えることができない以上、最善の対処策は安倍政権の歴史認識に異議を提示し続けながらも、なお安倍政権を相手にして対話を行って日本との正常な外交関係を維持していくことです。

そうした冷静にして現実主義的な外交方針こそ、韓国の国益の増大と国際的地位の上昇につながるベストの道のはずです。

ところが、いまの朴大統領と韓国政府は、少なくともその対日外交においては、現実主義的冷静さも戦略的思考も何もない。「歴史認識問題」の一点張りで、安倍政権への徹底的な無視と執拗な罵倒を特徴とするヒステリーな「日本敵視」姿勢を貫いています。もはや単なる「意地張り」がすべてを支配しているような不思議な世界としか言いようがありません。

もはや病的としか言いようのない韓国の反日

西村　中国には反日の論理的な根拠があります。それは何かといえば、日本軍と戦争を行ったのは歴史的な事実です。南京がどうだったか、盧溝橋でどっちが先に撃ったのか、あるいは、満州が１９３０年代は空白地帯だったかなど、歴史事実をどう捉えるかは別にしても、少なくとも論拠はあるじゃないですか。ところが韓国の場合はそういった論拠すら疑わしいわけです。まったくないと言ってもいい。

石　中国もときには論拠のないことをやります。ただ、韓国がさらに深刻なのは、反日が韓国の国益にまったくなっていないということ。中国は国益のためにアジアの海を支配したい。そのために日本を頭の上がらないようにしておかなければならない。

しかし韓国はそうではありません。アジアを支配するつもりも、日本と覇権を争うつもりもないんです。両国ともアメリカの同盟国で国益が一致している。むしろ韓国の長期の国益からすれば中国の膨張こそ脅威です。日中の対立は韓国にとってチャンスで、アジア

でバランサーの役割を果たすことができる。

西村　ところがそれがまったくできないのは「習性」なんですよ。国益にならないけど反日をやるというのは日清戦争前と同じで、自分で自分の足元を見ることができないから、そのときの状況で右往左往するしかない。これでは長期的な視点からの国益は考えていないと言われても仕方ないでしょう。

石　その習性をさらに増長させたのが朴槿恵大統領の人間的な資質です。これは女性蔑視ではありません。立派な女性の政治家も世界には数多くいます。ただ、あの人ははっきり言って偏執狂。妄想と感情にとらわれて行動するだけの人間としか思えない。

一連の日中問題のなかで韓国が中国と日本の間を立ちまわってバランサー的な役割を果たしたら、日本からも中国からもアメリカからも頼りにされたでしょう。しかし自らそうした立場を放棄して、頼りにならない中国に媚び続けてきた。

しかも、中国に接近すればアメリカとの同盟関係に亀裂が生じるリスクがあるのですから、とてもではないですが利口な選択とはいえません。日本を意味もなく一方的に攻撃し

て仮に日本のイメージが悪くなったとしても、韓国にとってなんの利益もない。それなのに日本国内に嫌韓の風潮をつくりだしてしまった張本人はほかならぬ朴槿恵なのです。皮肉なことに彼女が大統領に就任した最初の1年間の最大の成果は、韓国を嫌う日本人を急激に増やしたことです。

西村　いまのことには二つポイントがあって、ひとつは韓国の反日は、韓国に好意的に言うと、本音ではなくて北朝鮮に乗せられている可能性があるということです。テロを計画していた容疑で革新系野党、統合進歩党の李石基(イソッキ)国会議員の事務所が家宅捜索され、党関係者が3人も逮捕された。現職の国会議員に容疑がかけられたことで、政界のみならず法曹界にも北朝鮮のシンパが相当入り込んでいるといいます。

また、2005年には韓日会談文書公開官民共同委員会で「軍慰安婦など日本の国家権力が関与した反人道的不法行為の問題は解決されたと見ることはできない」と請求権の範囲を拡大したことを受けて、慰安婦問題で韓国政府が紛争解決の努力をしなかったこと、賠償を請求しないことは憲法違反だという判決を憲法裁判所が出している。そういう判決が出たから、慰安婦像を日本大使館の前につくったときに李明博元大統領は阻止できませ

んでした。

日本攻撃は単純に韓国の右派や愛国者から出てきているものだけではなくて、北朝鮮の日韓離間の工作もあると思います。慰安婦問題で言えば、韓国挺身隊問題対策協議会（従軍慰安婦問題を解決するために結成された団体）も、そもそも90年代から北朝鮮のスパイが入り込んでいる組織だったんです。そういう背景がひとつある。

もうひとつ、日韓の靖国問題で危惧しているのは、先ほども出てきた病的な反日です。

韓国の朝鮮総督府は金泳三（キムヨンサム）の時代に粉々に砕かれて、てっぺんだけ残してすべて土に埋められたような姿になってしまった。ちなみに台湾総督府はいまでも歴史的建造物として大切に保存しつつ、台湾の総統府として使われています。

２０１３年の9月にも靖国放火未遂のテロがあったけど、あのテロリストは逮捕直後に韓国人の姜庸珉（カンヨンミン）という人物であることが警察によって発表されています。しかも犯行の動機は、「日本の国会議員らの靖国参拝に反発をおぼえ、神社を燃やせば参拝できなくなると思った」という、韓国の歴史教育の産物としかいえないものです。

その男の裁判の判決が下されたのが、ちょうど安倍首相が靖国参拝した12月26日です。

靖国神社に放火目的で不法侵入したとして、放火予備と建造物侵入の罪に問われたにも

かかわらず、判決は懲役3年、執行猶予4年です。信じられないことに、執行猶予付きですよ。検察からの求刑は懲役3年でしたが、裁判官は反省したという男の言い分を認めたことになります。私はこの判決は、日本の司法が反日勢力に乗っ取られているということもそうですが、それ以上に非常に危ないと思っています。

小さいときから捏造された反日教育を受けているせいで異常な反日感情があって、それが韓国特有の民族意識と結びつく。安重根だって英雄にしている国で、「第二、第三の安重根を日本に送る」と市民団体が言っているのが報道されている状態です。靖国放火未遂テロのような事件が増えるのではないかと危惧しています。

今回のソチオリンピックだって、ショートトラックで韓国人選手を転ばせたイギリス人選手に殺害予告をしているのです。彼女のフェイスブックには罵詈雑言で埋めつくされて、何回も謝罪しているのにおさまらない。

ほかにも韓国からロシアに帰化して金メダルを獲ったヴィクトル・アン選手もすごく非難されている。韓国は日本が右傾化していると言っているけどとんでもない。自分たちこそよっぽど右翼国家で民族至上主義だと言わざるを得ない。

石　それを喜べばいいと思います。そんなことをやっていれば韓国は世界から嫌われる。中国は日本以上に韓国を嫌っています。中国のネットユーザーはいま韓国を痛烈に非難しています。変なところで日本と連帯しているところがある。

その一方、左右を問わず韓国に対する日本の国内世論もますます厳しくなってきています。少なくとも靖国参拝以前は、朝日新聞まで韓国の反日政策を批判していました。去年の10月7日の社説では「頑なに安倍総理との会談を拒否する朴氏の姿勢には戸惑いを感じざるを得ない」と書いています。

日経新聞も同様の論調でした。私はフジテレビの「新報道2001」という番組に時々出ているのですが、2013年10月の視聴者アンケートでは6割以上の人が「韓国は信用できない」と感じていました。2013年の1月～9月までに韓国を訪問した日本人旅行者は3／4に激減しています。彼らが永久に反日政策を続けるなら、日本人全員が彼らを快くは思わないでしょう。現実的な視点も戦略も論理もなく、ただ感情だけの行動がもたらす結果は目に見えています。

西村　今度はオーストラリアに慰安婦像をいっぱい建てると言っていますね。オーストラリアに住んでいる知人からは、「困ったものだ」と現状についてメールが来ました。

石　我々の立場からすれば、日本で保守派が増えるといういいこともあるんです。考えてみれば、日本の愛国主義に最初に火を付けたのは江沢民です。江沢民が火を付けて、尖閣問題で胡錦濤（こきんとう）（前国家主席）が火を付けて、習近平も火を付けて、今回朴槿恵が火を付けた。中国の脅威は第二次安倍政権誕生の一因だと思います。

中国に対しては冷静に対処しなければいけませんが、韓国の反日政策には実害がないのでどうぞ好きにやってくださいという感じです。

韓流ブームで日本のおばさんたちが騒いでいたのが10年ほど前ですが、あれから日本も中国も韓国がどういう国かわかってきました。私は朴大統領に感謝状を贈りたいくらいです。

韓国は「阿Q」そのもの

西村　韓国の歴史認識について興味深い文章があります。産経新聞政治部専門委員の野口氏が書いた「独立を眺めた韓国光復軍と勝ち取った印国民軍」というコラムです。これは要するに、韓国の歴史的な背景を見ないと、彼らの言ってくる難癖の意味はわからないということなんです。どこまで真に受けてよいのか、ということも含めてね。

朴槿恵が韓国の独立運動を記念する政府式典の演説で、「（日韓がパートナーになるためには）日本が歴史を正しく直視し、責任を取る姿勢を持たねばならない」と述べたうえに、加害者と被害者の立場は「千年の歴史が流れても変わらない」と強調したのは、完全に常軌を逸した主張だと思います。

これには歴史的な重みのようなものがあって、自分たちがずっと自立できなかったということに対してコンプレックスみたいなものがある。それを全部、日本という仮想敵をつくることによって、ようやく安住していられるのです。

石　しかも、それで自分たちの屈辱、自分たちのだらしなさ、すべてを日本の責任にすれば、自分たちは解放されると思っているところがあります。

例えば、「加害者と被害者の立場は千年変わらない」なんていうセリフは、じゃあ、中国に対してなぜ言わないのでしょうか。もし千年の歴史というなら、それこそ中国から何度も侵略されてきました。だけど、韓国人はこのことついて絶対触れたくない。彼らにとってこれはたいへんな屈辱なわけです。まさに、そのことを覆い隠すために、すべては日本が悪いということにしています。

自分たちの民族がずっと中国の奴隷であったことを忘れたいわけです。それを忘れさせるために、日本に対して反抗的、あるいは攻撃的な姿勢に出るわけです。

西村　それは、いわゆる「小中華思想」ですよね。中華思想は中国こそが宇宙の中心であるという考え方で、周辺国を文化程度が低いと見下すところから「華夷思想(かいしそう)」とも呼ばれています。その亜種である思想で、中華文明圏のなかで漢民族とは異なる政治体制と言語を維持している民族としての誇りから、朝鮮こそが中華の一役をなすもの（小中華）とみなそうとする文化的優越主義思想です。つまり、中国様にはへりくだるけれども、自分た

ちの外にいる「ちっぽけな島国」である倭国（日本）は見下すという考え方のことです。ところが、実は朝鮮半島より日本列島のほうが面積としては大きいうえに、近代化も早かった。実態と違うところで蔑む、現実をまったく見ないで幻想のなかでしか生きてこなかった人たちなのです。

日本人を侮蔑する言葉として、下駄を履くチョッパリ（豚や鹿などの偶蹄類）というんだけど、そういう自分たちより下の存在だと蔑んでいた人間に、1910年から35年間統治されてしまったのだから、たとえ過去のこととはいえ絶対に認められないわけです。

そうした背景もあって中国には何も言えないぶん、日本を痛烈に批判するというやり方しかなくなってしまったのです。

石　ドイツのヘーゲルという哲学者が面白いことを言いました。奴隷の立場に安心して甘んじるためには、自分の下に、さらに地位の低い奴隷がいないといけない。要するに、奴隷の心理は、ご主人様にいじめられて、それでも反抗できない。すべてご主人様の思うままにされる。その代償として、自分たちよりも弱い者をいじめたくなるということです。

これと同じことを中国の魯迅という文学者も小説『阿Q正伝』で書いています。主人公

の阿Qが、まさにそういう人物として描かれています。阿Qは、田舎の富豪たち、強い者から毎日のようにいじめられますが、彼は誰もいじめることができません。最後には隣村の外れにある小さい尼寺の尼さんをつかまえていじめるわけです。これで自分は満足な人生が送れるとしています。

いまの韓国は、この阿Qと同じ思想に凝り固まっています。つまり、現在の日韓問題を複雑化しているのは、日本より自分が上と考えているところにあるのです。

例えば、自分たちが中華帝国の奴隷であっても、「俺たちは日本より上じゃないか」と考えているけれども、当然、国力の面からしても日本が韓国より下にあると思う人は韓国人以外にはいません。それほどまで彼らは現実を見ていない。近現代史だけではなく、古代史にまで目を向けて、聖徳太子の時代以来一度も中華帝国に隷属したことがない国が日本であるという認識は持とうとしないのです。

結局、いまの朴槿恵大統領は、阿Qと同じです。中国の習近平に対して国家元首の面子も何もありません。完全に習近平にへりくだって、日本には上から目線で傲慢になっている。しかし、日本は「何もわかっていないのは、お前たちじゃないか」と言って、いまこそ韓国大統領の認識を正さなければなりません。

彼女は中国語の勉強をするほどに中国に傾倒しているわけですが、そうした中国依存の外交は、韓国生まれの日本の評論家である呉善花(オソンファ)氏も怒っていました。日本に帰化することである意味では韓国を捨てた彼女ですら腹立たしいというのです。

何が言いたいかというと、日本は韓国に対して、昔支那事変のときに近衛内閣の出したような「国民政府ヲ対手トセズ」という思い切った声明を出すべきなのです。それでも国益が損なわれないほどに、いまの韓国政府は相手にする価値はありません。あるいは、もしどうしても韓国が中国についていくならば、中国にくれてやればいいでしょう。

西村　だいたい現実もそうなりつつありますね。2015年にはアメリカ軍が統帥権を韓国軍に返還するという問題があります（2010年6月の米韓首脳会談で決定）。統帥権が韓国に返還されるということは、現在の韓国軍というのは実質的には韓国の軍隊とはいえないわけです。統帥権とは軍隊の最高指揮権で、国家の元首や大統領あるいは首相が掌握するのが通例です。日本の自衛隊の最高指揮権は内閣総理大臣であると自衛隊法でも定められています。

現在の韓国軍は連合国軍のなかの一軍であって、統帥権は米軍が持っている。要する

に、朝鮮戦争がまだ「休戦中」だということでとられた措置なのです。

ところが、もうアメリカはいろいろな事情があって統帥権を抱えていたくない。これはオバマ大統領になったからということではありません。統帥権返還問題は盧武鉉（ノムヒョン）元大統領とブッシュ元大統領が就任していた時代からも出ていたことです。

韓国へ統帥権が返還されたら、韓国軍は韓国軍の将軍が指揮を執るということになるわけです。ただ、そうなるともう北朝鮮やほかの国と戦争しても勝てる確率が低い。

国防部チョ・ポグン情報本部長が２０１３年11月の国会国政監査で「南韓と北韓が戦争すればどちらが勝つか」という質問に「現在の作戦計画により韓米同盟で戦えば圧倒的に勝利できる。（しかし）南韓単独で戦えば戦闘力面で北韓が優勢だ。南韓が負ける」と答えました。南北朝鮮が一対一で戦争すれば韓国が負けるというショッキングな発言を軍人がした意味は大きい。軍人はリアリズムでとらえるから、プロパガンダとか理想だけで語らないのです。

こうなると韓国政府は焦ってきて、アメリカに「引き揚げないでくれ」と頼むことになってしまったわけです。それが、韓国のいまの現実です。

石　韓国は、軍事的にアメリカに依存し、経済的には中国に依存する。韓国は、ある意味では実態がない。日本が国策として取るべきは、韓国を完全無視。もう相手にしないという選択肢を日本は持つべきかもしれません。

反日プロパガンダの先に見えるもの

西村　韓国に関してひとつ危惧があるのは、反日プロパガンダに、ものすごい予算を投入していることです。むしろ、ほかのことは軽んじてそれだけに血眼になっている印象です。朴槿恵大統領が1年以上かけた成果といえば、「告げ口外交」だけです。反日プロパガンダを世界中の外交の場で言っているだけに過ぎません。

さらに今度は慰安婦像をオーストラリアに建てる計画まで浮上して実行しようとしています。それから、カナダでは慰安婦をテーマにした映画をつくって、カナダの優れた映画やテレビドラマに贈られるカナダ・スクリーン賞を狙っていましたが、選考から漏れたというニュースが入ってきました。

慰安婦を題材にしたアニメ映画で「Ｍａｒｙ＆Ｍｙｓｅｌｆ」というタイトルです。カ

ナダ東部ハリファクスに住む中国系カナダ人女性二人が、慰安婦に関する演劇をするための練習中に慰安婦の「体験談」を回想する内容になっています。劇中に「1日に50人の兵士の相手をさせられた。時には大量の兵士だった」などというセリフが登場することから、在カナダ日本人らでつくる「日本の名誉を護る在カナダ邦人の会」などが抗議文を送るように呼びかけるなど、物議を醸していました。

2014年1月、フランスのアングレーブ国際漫画祭で慰安婦の漫画が発表されたのもこうした反日プロパガンダの一環です。こういうことを韓国はずっと仕掛け続けてきたわけです。それも韓国政府の肝いりで、ロビー活動もやっているために漫画祭の主催者などは「これは二十世紀の悲劇だ」と言っているほどです。完全に抱き込まれた人たちは「日本はひどいことをした」との印象を抱いてしまう。

さすがにここまでくると「相手にせず」を貫く日本政府の姿勢だけでは、実害が出てきてしまうでしょう。だから、相手にはしないけれども、駆除はしないとダメなのです。そのためには、日本がちゃんとした外交戦略、広報戦略を立てることが必要です。

もうひとつの危惧は、クリミア半島で起きたクリミア自治共和国のロシアへの帰属をめぐって起きた住民投票です。この例でもわかるけれども、住民投票をやって帰属権を決め

るということになったときに、対馬はどうなるのでしょうか。

もちろん、いますぐにそんなことは起きないでしょうが、仮に今後、対馬にどんどん韓国人が流入してきた場合、外国人参政権がないために帰化を選択したとします。これを馬鹿げた可能性と思うかもしれませんが、諸外国を見れば長いレンジで侵略を果たそうとすることは決して珍しいことではないのです。

朴槿恵の「千年の恨み」の千年については、まったくの幻想から出てきた言葉だけれども、「恨み」にはリアリティがあるんです。これは呉善花氏から聞いていちばんショックだったことなのですが、「日本人がどういう謝罪をしたら、韓国人は許すのか」との質問に、「土下座をして、領土を一部差し出せば、許すかもしれない」ということなんです。そう考えると実害として、侵略がすでに現在進行形の出来事になっているという認識も必要だと思うんです。

石　彼らは、本当の意味で日本の怖さを知らないから、そのような発言が出てくるのです。というのは、日本の植民地支配はあまりにも優しかったからです。韓国人はその優しさを受け止めなかったけれども、同じく日本に統治された台湾人は、日本の優しさを受け

止めています。

過去の日本人が韓国に対して鉄槌を下したことがないから、いまの日本人も鉄槌を下さないと韓国人はどこかで甘く見ている。ですから、日本は基本的に、外交的に彼らを無視するというのが基本方針でしょう。ただし、先ほども触れたように、彼らが仕掛けてくる外交戦については、倍以上やらなければならない。

国力は日本のほうが上ですから、韓国が反日政策に30億円出すようなことがあれば、日本は60億円出せばいいのです。そうやって徹底的に外交戦で彼らを潰すわけです。戦争をしろというわけではありませんが、最後の最後には武力行使も辞さないぐらいの覚悟は秘めておくべきでしょう。それぐらいの鉄槌を用意しておかないと、対馬のように明らかな日本の領土への侵略を止めることはできないかもしれません。

その意味では一回ぐらい竹島奪還作戦を決行してみるのもいいかもしれません。アメリカ軍は、おそらく傍観してくるはずです。日韓両方が同盟国だから、どちらにも加担することはできないはずです。そのうえで竹島を奪還したら、日本の自衛隊を駐留させてしまえばいい。それで徹底的に彼らに日本人のすごさをわからせるべきなんです。

私がわかっているのは、韓国人というのは最後は力以外を信じることはないということ

と。力の強い者にはペコペコして服従する。中国やアメリカに対してはずっとその姿勢を貫いてきた。

もちろん、日本もむやみに行動を起こすというのはダメです。むしろ、日本に対していま以上の領土侵害、主権侵害が起きたら絶対に行動を起こすべきなのです。

西村　竹島奪還作戦で言えば、こんな笑い話がある。オバマ大統領が国賓として来日後、4月25日に訪韓をしました。そのとき、韓国メディアはオバマが日本で尖閣諸島が日米安保第五条の適用範囲だと明言したので、竹島は韓米同盟の適用範囲か訊きたがっていました。実は、ケリー国務長官が訪韓したときにも、記者会見でその質問が出て、現場は凍りついたという話があります（笑）。

竹島の領土帰属に関しては、「マッカーサー・テレグラム（電文）」というのが、最近、テキサス親父こと、アメリカ人評論家のトニー・マラーノ氏が公文書館から取り寄せて発表しました。

その文書は1960年4月に米国務省などに送った秘密電文で、送り主は連合国軍総司令部（GHQ）最高司令官、ダグラス・マッカーサー元帥の甥で、駐日米国大使だったダ

グラス・マッカーサー2世だった。その文書には李承晩によって竹島が不法占拠されているとあり、ざっくりと言うと「ふざけるな」「韓国に圧力をかけて日本に返却させせろ」と書いてある。この文書は最近になって機密扱いが解除されたために公開されるようになったのです。

石　外交的にいちばん正しい戦略は、中国も韓国も、ある意味では、基本的に相手にせず、しかも、むしろ意識して中国と韓国を捨てても構わないという、日本の国際的立場をつくり上げる。それこそ日本外交の要諦(ようてい)でしょう。

「二主に仕える」韓国外交の大混乱と惨めさ

石　アメリカと中国、両方でもともとバランスを取っていたはずの韓国が、いま混乱しています。結局、中国に寄っているのは明らか。しかし、北朝鮮があるかぎり、外交的にアメリカとの同盟関係を続けなければならない。

先ほどのアメリカ軍から統帥権が移譲されて、韓国軍が単独で北朝鮮と対峙すると負け

るというのであれば、現在アメリカ軍こそが北朝鮮の脅威から守ってくれる唯一の存在といえるのです。そういう意味で、韓国はアメリカに頭が上がらない。その一方、経済では中国にますます依存して、中国にも頭が上がらない。おまけに小中華思想があるので民族としても頭が上がらない。

結局、米中が対立するといちばん苦しむのは韓国です。自らそういう苦しまなければいけない立場に、いま自分を置いているわけです。それは日清戦争前の状況とまったく同じです。そういう意味では常に勢力の顔色を見ながら、自分たちがどう生きていくかを判断しなければならない悲しい宿命を背負った民族といえるかもしれません。

西村 実際、統帥権が米軍にある現状でも、北朝鮮の侵略には日本の協力がなければ韓国はまったく対処できないという現実があります。歴史を振り返ってみても、朝鮮民族は現実を直視できず、その場しのぎの対応で一貫したポリシーを持てないという伝統があります。

例えば、日清戦争の前には、閔妃(ミンピ)（李氏朝鮮の第26代王・高宗の妃）がロシアの顔色をうかがったり、清の顔色をうかがったり、アメリカの顔色をうかがったり、イギリスの顔色を

うかがったり、日本の顔色をうかがったりして、右往左往していたわけです。それと現在も同じ状況ですよね。清の袁世凱(えんせいがい)が朝鮮に乗り込んで来たのもそういう背景があったからです。

当時と何が違うのかといえば、巧みな外交戦略、戦術があるわけでもないし、ほとんど変わらないということです。だからこそ、国が滅んだ過去を直視できず、日韓併合条約が日本の侵略だという誤った歴史認識と固定観念に縛られて、右を見ても左を見てもビクビクしながら日本だけ叩いていれば世界は味方してくれると思い込んでしまっているわけです。

石　日本が国策として実行する能力があればという前提ですが、韓国に対して最も効果的な外交戦略があります。それは朝鮮半島を統一させないようにすることです。朝鮮半島を分断したままにしておくことが、日本にとって有利となるからです。統一されてしまえば反日国家がさらに大きくなってしまうだけだからです。

ただし、日本がそこまでの戦略を立てて実行できるかどうかには疑問があります。その意味で誤解を恐れずに言えば、今後の日本は北朝鮮とある程度の関係をつくることも悪い

選択ではありません。韓国に対する牽制になるうえに、日本人拉致問題を解決するのに有効な可能性を広げてくれるからです。ただし、あくまで拉致問題の解決が前提となるのは再度強調しておきます。

西村　現時点で、安倍首相の北朝鮮訪問が実現でもしたら、それこそ韓国は真っ青になります。これは北朝鮮だけではなくロシアにも同様のことがいえるのです。おそらく、２０１４年2月の段階で秋にプーチンが日本に来ることが決まっただけで真っ青になったことでしょう。それは習近平も同様ですから、ロシアとの関係もすごく重要ですね。ウクライナ情勢の悪化で、日本は、アメリカ側に立たざるを得なくなりますが、逆に、だからこそロシアとの関係構築が重要になります。

石　もしロシアと北方領土問題で何かけじめをつけることができるのなら、まずロシアとの連携をつくる。次のステップが、北朝鮮とある程度国家間の関係ができれば、それこそ完全に中国と韓国を必要としない体制が出来上がります。

いまの安倍政権は、その半分以上の仕事をやりました。あとはロシアと北朝鮮。もうイ

ンドは完全に取り込んだと見てよいでしょう。

無力化する韓国の歴史カード

西村　いまの北朝鮮とロシアに関しても、この1年以上で着々と布石を打っているわけですが、ウクライナの状況が厄介な変数になっています。

外交カードというのは、当事者間だからこそ通じるところがあります。歴史認識問題を、二国間だけではなく第三国の目に触れさせることで、無力化することもできます。それは、日本がちゃんとした対応をすれば、という条件付きです。

世界中の人間が客観的に判断する材料を出せばよいわけです。いまはそういうカードを日本が出していないことが問題なのです。

学問の領域だけで言うと、日韓併合は国際条約によって結ばれた併合だというのは、世界史の常識です。そこに反論を唱えるという動きが90年代から韓国では起きている。それは反日運動の一種ですが、日韓併合は、日本が無理やり武力で威嚇することによって侵略したのだということを歴史学界で認めさせようとしている。欧米などで開催される国際会

議にそういうものを持っていっているわけです。ところが、そこで欧米の歴史学者に否定されてしまった。「それは間違いだ。どう考えても普通の国際条約で結ばれたもので、日本の侵略でない」と、はっきりさせられてしまっている。

そういうケースがあるにもかかわらず、懲りずにずっと繰り返しやっているわけです。2014年2月にアメリカのバージニア州議会で、日本海と東海を併記するという法案が成立しました。ほかにもジョージア、カリフォルニア、イリノイ、テキサス、マサチューセッツ、メリーランド各州でも同様の動きが見られます。

これは、ロビー活動によって地方議会の議員に働きかけて、韓国系住民が多いところでそういう法律をつくったりしているわけです。そして、もっと前から韓国人たちは世界中で行動してきた。例えば、大英博物館に展示されている古地図にある「日本海」と表記されている部分を消したりしているわけです。さらには、「東海」というシールをつくって世界中の図書館にある地図の「日本海」の上から貼りつける運動をやっている。

それから、サンパウロ大学科学博物館に展示されている1827年にイギリスで作られた地球儀と1881年にベルギーで製作された地球儀には日本海(Japan sea)と表記されていることから、「東海が『日本海』と表記されているのは、韓国人の自尊心を大きく損な

う」と韓国人が抗議したという滑稽な出来事もありました。

抗議している団体には韓国人が賛同しているようですが、地球儀に歴史問題を抗議してどうするのでしょうか。これには呆れて声も出ません。ただ、これは簡単に笑って済まされるような問題でなく重大な問題も含んでいます。以前は気が付かなかったけれど、こういうパラノイア的な、一種の精神異常を放置していると、凶悪なテロ事件にも発展しかねません。

一方で日本国内では既存メディアではなくネットを通じて、少しずつ覚醒してきています。それなのに韓国は国益にならない反日をずっと続けています。親日サイトをつくった中学生が逮捕されるという異常事態までもが起きています。逮捕されたのは13歳の男子中学生で、親日派向けのコミュニティを開設し、そこでは「竹島は日本の領土」「日本が朝鮮に基礎的市場経済を移植してくれた」といった主張を掲載していました。さらに驚くべきは少年に対する反応です。「13歳だが、国家機構のために殴り殺せ」「親も処罰するべき」「少年法を改正すべき」といった、常軌を逸した人権侵害の罵詈雑言が相次いだのです。その中学生の主張は、すべて裏付けがある正しいもので、おそらく優秀な子供でしょう。

石　そうなると、もはや韓国は覚醒のしようがない。韓国はいま、対日外交では歴史カードしかないと言われても仕方ない動きをしている。朴槿恵が目指す国益とはいったい何なのかを伝えておきたい。

西村　単純に言ってしまえば「お金」です。中国が歴史カードを切るときには日本から外交的譲歩を勝ち取るために巧みに使ってくる。ところがいま韓国がやっている反日活動は、外交カードにすらなっていない意味なき「反日」です。

靖国参拝への抗議にしてもデモ隊が暴れるのは結局、韓国国内です。自分たちの国内で、毎日反日デモをやっているに過ぎない。自分たちの時間を使って、自分たちの生活を犠牲にして、毎日やればいいとしか思えません。

呉善花氏によれば、「韓国人は神社というものが全然わかっていない」そうです。まったくどういうものかわからないから、すべての神社が靖国神社と同じだと思っている。いわゆる戦犯を祀ってあるのが神社で何か忌まわしき場所と思っているらしい。ちなみに、中国人の「神社」への理解というのも気になります。実態はどうなのでしょうか。

石　先入観はありません。神社は日本人の特別な場所で、中国の「寺」みたいな理解です。ただし、中国人も靖国神社を正確に理解していないのは韓国と同じです。まるで靖国神社にみんなの位牌が入っているといった程度の理解をしている。宗教的にいいかげんな理解でも、それが一般市民の認識です。日本国民が知っている靖国と、中国、韓国、もしくは、第三国が見た靖国とは、イメージが完全にズレているのです。

西村　宗教的な理解という点では、日本人であっても怪しいところがあります。ある編集者から聞かされた話で驚愕しました。その人が同僚とタクシーに乗っていて靖国神社に差し掛かったとき、「靖国神社だね……」と何気なく言ったら、同僚が「右翼の神社ですね」と返してきたというのです。その人は思想的に左翼でも何でもない普通のノンポリの一般市民なのです。彼は「これはまずい」と思って、これからは少しはまともな本を作ろうと思ったらしく、私に執筆を依頼した（笑）。

やはり既存メディアの影響力が落ちたといっても、テレビや新聞で流される間違った認識が、がん細胞のように蔓延している。新聞を読まなくなってもテレビはみんな見るか

ら、そこでひどいことばかり耳にしていれば、何も考えていない人ほど、逆にイデオロギーがないぶん、自然に刷り込まれてしまう。その結果が、靖国神社は「行ってはいけない場所」としての認識につながってしまう。

「中国依存」を深める韓国の代価とジレンマ

西村　外交カードが頭打ちな以上、今後ますます中国依存が深まることによって、韓国に訪れる代償、リスクについてですが、高い確率で経済は中国と道連れになるのでますますダメになるでしょう。

というのも肝心の中国経済が崩壊寸前だからです。2014年3月に中国政府が金融商品のデフォルト（債務不履行）容認を決断したことは注目を集めました。資本主義経済が浸透している国ならば現象としてはよくあることです。今回も太陽光発電機器メーカーの上海超日太陽能科技が社債の利払い不能に陥ったというものでした。それでもこれまで中国では水面下で国家が動いてきたのでデフォルトはあり得ないと多くの投資家たちは信じてきた。それなのにいきなりのデフォルト容認が市場に与えるインパクトは大きいでしょ

う。中国政府としては「通常」の資本主義、市場経済を活発にしようとする狙いがあるのでしょう。

ほかにも韓国経済の危険があるとすれば財政破綻と、全企業の20％が5月に倒産するのではないかという話まで出ている企業収益の著しい悪化です。とにかく韓国経済に明るい材料はなく、ますます破滅に向かうことだけは間違いありません。

中国に吸い寄せられ、一旦依存してしまったあとでは後戻りはできません。中国にいじめられるだけです。中国人ほど韓国人を嫌う民族はいません。

石　面白いのは中国人の日本に対する感情と韓国に対する感情の違いです。実は日本に対する感情は、反日教育があって「日本」という概念、「日本」というイメージに向かっているもので、その結果が「反日」なのです。つまりは、日本人を個別に嫌っているわけではない。むしろ、日本の個人には、大半の中国人は感心している。

一方で中国人は、韓国という国に恨みはないし、反韓教育もしていないけれども、韓国人のことを心から嫌っていて「あいつらは虫以下だ」と言ったり、「高麗棒子(ガオリーバンズ)」という蔑称まで使うことがある。意味としては頭が悪くて、空気が読めず……など、とにかく最低

の人間を表す言い方なので、同じ反日国であっても決して仲がいいわけではないのです。それなのに韓国は中華帝国の華夷秩序に復帰する道を選んだ。自滅の道を突き進むことと同じなのです。

西村　対中依存を深めることで外交政策が完全にブレているのも特徴でしょう。いま世界中で反日宣伝活動はまさに「告げ口外交」です。確かに日本にとっては困った状況であることは間違いありません。実際、日本の国益を損ねますが、韓国の国益としても何も生み出さないこともまた事実なのです。隣国のイメージを損なうことで、韓国は何も得ていないことはここまで指摘してきた通りです。そこに加えてもはや論理では解明できない展開を見せはじめています。

例えば、集団的自衛権行使や九条改正に韓国は反対をしますが、その理由が「日本は戦犯国だから、そういう主張は認められない」という意味不明なものです。最近の韓国がよく言うことですが、この「戦犯国」という言葉が滑稽で矛盾しています。国際的にはほとんど使われない用語で、韓国が日本を侮蔑的に見るようになった、この10年で使用されはじめた言葉です。

1910年から日本に併合され、第一次大戦、第二次大戦中も、彼らは大日本帝国の国民だったはずです。そこを完全に見落としている。それすら忘れているのはなぜかというと、自分たちは日本より優位に立っているという幻想に浸っているからです。

先だって紹介した産経新聞の野口氏が書いたコラムによれば、彼らは「韓国光復軍」という軍隊が実在したと思っているのです。その軍隊が日本と戦い、抗日戦争を経て1940年9月17日に中華民国政権の臨時首都・重慶に朝鮮独立を目指す亡命政府ができた、ということを信じているわけです。

当然のことながらこんな歴史的事実はありません。それなのに韓国の歴史教科書にはそのまま書かれている。一応、彼らの主張に沿って史実を厳密に紐解けば、確かに臨時政府というものはあった。しかしそれは15人ぐらいが集まって声明を出したというだけで世界中のどこも承認も何もしていないわけです。それを日帝打倒を果たした反乱軍の中核としての役割を歴史的に与えるのはまったく不可能です。

ちなみに本当の歴史では、大日本帝国軍が無条件降伏したあとに朝鮮半島に駐留した米軍によって独立させられています。その際に分裂してできたのが北朝鮮なので、きちんと歴史的な経緯を精査していかないと矛盾が生じてしまう。そういうことすら、彼らはわ

かっていないのです。

だから、いまだに韓国人の意識では、自分たちが「戦勝国」側にいると思っていたり、日本のことを「戦犯国」と言ったりできるわけです。そのことは、李承晩政権のときに、連合国（国連）に対して「戦勝国側に入れろ」と要求していたことからも明らかです。当然ながら却下されていますが。

中国崩壊の道連れとなる韓国の末路

西村　戦勝国意識は確かにあるのですが、もはや狂気じみているとしかいいようのない彼らの国民性が、日本人に広く知れ渡ってしまった。それが日本人に「嫌韓意識」を強烈に植え付けてしまった大きな要因です。

韓流ドラマのプロパガンダで親韓派を生み出し、日本メディアに食い込んだのに、それが全部ダメになったどころか、いままでそんな意識を持っていなかった多くの人たちを敵に回す結果となってしまったことは韓国にとってデメリットでしかない。これでは、自滅の道を歩むかのようです。なぜなら対日経済活動が縮小すれば、さきほども説明したよう

なリスクを孕む中国経済への依存を嫌でも高めなければならないからです。

そういうおかしなところはほかにもあります。日本の集団的自衛権反対、九条改正反対といいますが、米日韓で北朝鮮や中国に対抗する、という軍事的視点で考えれば、逆でしょう。日本の集団的自衛権の行使は韓国にとって有り難いことです。九条を改正してもらったほうが、いいはずなのです。そこを肯定できないところに韓国の反日における一種の狂気ですが、そういうものが潜んでいると言わざるをえません。

石　韓国の極端なやり方は、中国とは大きく異なります。中国ならば反日からタイミングを見て懐柔に入る。日本の一部の人を取り込むことで自国の利益を確保していくのです。韓国は一途に、とにかく「反日」を続けるのであれば「もう2〜3年ぐらい、やってくれ」と朴槿恵に頼みたいぐらいです。やればやるほど日本人の民族意識は高まるので、我々にとって良い日本になるとも考えることができます。実際、彼女の任期はあと4年も残っていますから、徹底して続けてくれたら日本国民の覚醒、戦後体制から脱出するための意識改革におおいに貢献してくれるはずです。

西村　いまの話と関連して、韓国の立法調査官というのが「米、英、豪の誤った対日認識を正せ」と言っています。日本の集団的自衛権行使をアメリカ、イギリス、オーストラリアが認めるということは間違いだと、２０１４年１月４日に提出された報告書で言っているわけです。

日本による集団的自衛権の行使をめぐる争点と、韓国の対応に関する課題という報告書で、「過去を否定する日本の集団的自衛権行使に対し、反対の姿勢を堅持する努力が求められている。このような姿勢を土台とし、アメリカをはじめとする主な友好国に対し説得を試みる外交を強化していくべきだ」と。それから、「現在の日本の集団的自衛権行使に向けた動きに対し、アメリカやイギリス、オーストラリアなどは歓迎する意向を示しているとされ、これは、過去を否定する日本の最近の行動が北東アジアの平和秩序を構築するうえで非常に否定的な影響を及ぼしているという点を十分に理解していないという側面がある。このような誤った認識を正すため、韓国の外交的な対応が求められる」と。

もう完全に現実が見えていない。まったく特殊な「反日イデオロギー」に侵されてしまっているとしかいえないのです。

もうひとつ大事なことは、韓国のスタンスです。昔の冷戦構造下の北東アジアにおいて

は、いわゆる昔の西側陣営が、ソ連・中国共産党と対決するという枠組みがありました。北朝鮮と対峙している韓国は、もちろん自由主義陣営の一員として、米韓の同盟関係を非常に大切にしていたわけですが、実際にそんな地政学はもうとっくに崩れ去っています。冷戦が終わって20年以上経つわけです。地殻変動が起きて、韓国がどんどん北京に吸い寄せられているわけですよ。

１８９５年の日清戦争における日本の勝利で、古代から残っていた東アジアの華夷秩序が崩壊し、朝鮮が独立できたわけです。それまで朝鮮は、清、その前は明の属国でした。新しいパラダイムシフトが起きているなかで、朝鮮半島は、北朝鮮はおいておいて、韓国はまた華夷秩序に戻ろうとしているわけです。

石　日本の正しい戦略は、韓国を中国にくれてやるのがいちばんいいでしょう。そうすれば、日本にとってややこしい問題もなくなります。歴史認識問題も、対立陣営だからどうでもいいことになります。

韓国がもし日本から離れて中国にくっついたとしたら、いちばん苦しめられるのは韓国自身です。今後、韓国が反抗する対象が中国になる。つまり、ご主人様に反抗するわけで

す。そうなると逆に中国と韓国の関係は悪くなる。しかし、あの国はそういうものですよ。

私はそういう意味では、中国とは距離を置く、韓国は中国にくれてやればいい、と安倍首相に言いたいですね。

四章

反日サヨクの敗北と最後の悪あがき

「特定秘密保護法」成立に見る反日左翼の敗退

石　特定秘密保護法は、ある意味では反日のひとつの勝負だったと見ることもできます。安倍政権に敵対するすべての反日左翼、反日メディアとの一大勝負を打ったわけです。特定秘密保護法をめぐる攻防が、それこそ戦後体制を守ろうとする左翼のマスコミが総力を結集してきたことをあらわしています。例えば、朝日新聞は掻き集めることのできるすべてを総動員して安倍政権と戦ったわけです。

西村　全体のピクチャーはまったくその通りです。戦後左翼というものが再集結したのが特定秘密保護法案をめぐる攻防だったのです。これはまさに安保反対と同じ状況をつくりだそうとした結果ともいえるのです。七〇年安保のときだけでなく、その前の六〇年安保も、もちろん同じ構造でした。

１９６０年に岸信介内閣によって実際に安保条約は改定されたけれども、岸内閣は退陣せざるを得なくなった。七〇年安保のときは、自動延長されただけの話だったけれども、

そのときも左翼勢力が結集したわけです。党派の違いはあるにせよ。それと同じことが行われたのが、2013年の特定秘密保護法案のネガティブ・キャンペーンだったということになります。

朝日新聞の誤算、そして敗北

西村　朝日新聞の誤算は、昔と同じやり方が通用しなかったということです。ありとあらゆる人を集めて反対声明を書かせても、偏向報道や捏造を繰り返しても、一部の人を除けば全然影響力を持つことができなかった。要するに、最初から反対の人間以外には影響を与えていない。もともと反対でない人々を「反対」に変えることはできなかったわけです。

石　朝日新聞に登場した人たちのデタラメさには呆れてしまいます。例えば、12月24日、朝日新聞で女優の奈良岡朋子という人が特定秘密保護法への反対の意思表示をしました。

その理由というのが、戦前や戦中の特高警察の存在にあるそうです。彼女の言い分をそ

のままとめると、「特定秘密法で最初に頭をよぎったのは特高警察でした。いま、文化人の端くれにいますが、劇場でしゃべったセリフで警官が『中止』と言うようになったら、やりたい芝居もできないじゃないですか」ということです。しかし特定秘密保護法はいくら読んでみても、女優が劇場でしゃべるセリフに対して警官が「中止」と言うようなことは300％あり得ないのです。それは彼女の妄想以外の何ものでもありません。根拠のない妄想をもって特定秘密保護法反対云々と言っているだけです。

しかも彼女は、特定秘密保護法は日本国憲法をゆがめて軍事国家に向かわせるものだと主張しています。ものすごい飛躍です。特定秘密保護法のどこをどう読んだら、そんな飛躍した考えになるのでしょう。まったくもっておかしな話です。

このような意見は個人の感想であり、専門家の論評や有識者による法律論に基づいた意見とは呼べません。もしかしたら、情に訴えようとしているのかもしれませんが、差し迫った外敵からの対抗策が求められている日本では、いくら心に響く体験談が新聞紙面に並んだところで読者を説得できるはずがありません。

逆説的に見れば、そんな記事を発表する以外に対抗する術がないとも読み解くことができます。真っ当な理由もなく、政治分野にいるわけでもない有名人をずらっと並べて反対

意見の記事を出したこと自体が、すでに「反日」の敗北を如実にあらわしていると言わざるを得ないのです。

安保条約の成立と引き換えに辞職に追いやられた岸信介と辞職に追い込まれなかった安倍晋三。この両者の置かれた状況を比べれば勝敗は明らかといえます。

西村　朝日新聞の敗北を証明する事件がもうひとつあります。「週刊文春」の3月13日発売号の広告が3月6日の朝日新聞（朝刊）の8面に掲載された際、『慰安婦問題』A級戦犯●●新聞を断罪する」と伏せ字が使われていました。掲載される広告コピーは「朝日新聞の捏造報道」だった。驚くべきことに伏せ字になっているのは朝日新聞のみ。読売、産経、毎日に出ている広告は全部そのまま掲載されています。つまり、朝日新聞が検閲を行った証拠です。「表現の自由がなくなる」と、滅茶苦茶な理屈で特定秘密保護法を批判する朝日が、誰よりも朝日の「秘密保護」をやっているわけですから笑えないブラックジョークです。

特定秘密保護法案の審議中に天声人語で「この法案が通ったら、首相の動向も××、○○へ行ったというように書くことになるだろう」と書いていた自分たちが紙面に載せる広

告で伏せ字にせざるを得なかった。そんな滑稽なことをやっているわけです。これこそ完全に敗北した証明となるでしょう。

石　特定秘密保護法案が通る前のことも知っておいてもらいたいです。朝日新聞を中心にした大手マスコミは、この法律が通ったら日本は暗黒時代になり、すべての自由が奪われて、みんなが毎日警察に怯えることになると主張していたのです。しかし、現実を見てください。法律が通ったいま、いったい誰が警察を恐れていますか。

当時の論調からすれば反対していた人たちは法案の成立とともに日本から逃げ出さないとおかしいはずなのに誰一人として日本から逃げ出していない。大きく矛盾しているのです。要するに、彼らも現状がよくわかっているのです。暗黒時代でも何でもないということを。そして自分たちがただ嘘をついていたということを知っているのです。嘘が通る時代は、もう終わったという話なので「反日」の敗北といえるわけです。

失態続きの反日NHKは変わることができるか

西村　既存の大手メディアのなかで、実はNHKはチャンスを迎えています。本当に国民が信頼できる公共放送に生まれ変われるチャンスです。そしてこれは新たな戦いの火種ともなるものです。この火は大きく燃え広がり、NHKは主戦場となるでしょう。

三井物産から日本ユニシス社長に就任した籾井勝人氏がNHK会長に就任し、2014年1月25日の会長就任記者会見が物議を醸しました。会長就任の記者会見で、特定秘密保護法、領土問題、慰安婦問題、日韓基本条約などを記者側からあまりにしつこく質問されて、「個人」の見解として答えました。

こういう記者会見がどういうものかというのをまったく理解しないで、誰にもレクチャーされずに記者会見に出てしまったのでしょう。ああいう記者会見のときには、周りが全部敵に囲まれているようなものです。取材に来た記者連中は、安倍政権の人事だから「叩いてやろう」という気が満々だった。だからこそ徹底的に突っ込まれた挙げ句に大きく報道されてしまった。一種のいじめ報道ともいえます。

また、それは反日側の謀略が成功しているとも見ることができるわけです。ＮＨＫの受信料不払いの電話が殺到しているとか、煽って書いているのもいて、騒ぎにしようとしている。あとは、会長が理事に全員辞表を出させたというのも問題にしようとしている。ただ、それを乗り切っていけば、まともな公共放送になれるいい機会だと思います。その根拠は、この10年間のひどさを具体的に出さないと、わからないと思うんですね。

ひとつは、私も『「反日」の構造』（文芸社文庫）に書いていますが、ＮＨＫスペシャルという番組では、毎年8月15日近くなると戦争特集をやっています。２００３年のＮＨＫスペシャルでは、特攻隊の遺書を朗読する場面があったのですが、その遺書を改竄したのです。

遺書はフィリピン沖の特攻で戦死した植村眞久大尉のものです。学徒出陣の特攻隊員で、若くして結婚し、出征するときには赤ちゃんがいました。生きて戻ることはないと覚悟していたから自分の娘へ向けて、「素子へ。どうしても父に会いたくなったら、九段へいらっしゃい」と書いていたのですが、その部分が朗読では削除されていたのです。もし、遺書を全部読み上げるのが時間の都合で無理ならば、削除してよい部分と、残す部分があるはずです。

「父に会いたくなったら九段へいらっしゃい」という部分は、むしろいちばん重要な部分ではないですか。遺書の肝となる部分をあえて意図的に削除したのは、小泉首相の靖国参拝に中韓が反発をしていたからで、何よりも故人を冒瀆することになる。ＮＨＫは、そういう人権侵害になるようなひどいことを11年前にやっているわけです。つまり、当時から、「靖国神社」を隠そうという意図があったことは明白です。

ほかにも２０００年には国際女性戦犯法廷のドキュメンタリー番組をやっています。どういう番組かというと、慰安婦の補償を求める国際裁判を九段会館でやるというイベントのドキュメンタリーです。バウネット・ジャパンという反日左翼団体が主催したものですが、それをわざわざドキュメンタリーとして放送している。その大会には北朝鮮の工作員も参加していたんです。

石　その参加者たちは、誰も人を裁く資格がない人間たちです。国際的猿芝居に過ぎません。「いったい誰がお前たちに人を裁く権利を与えたのだ」と言いたいです。

西村　松井やよりという朝日新聞社会部の元記者が中心でしたが、それをわざわざＮＨＫ

が番組にして教育テレビで放送した。この番組では昭和天皇に死刑判決を出しているのですが、ドキュメンタリーとして放送するならば、もっと中立的な視点でつくるべきだと意見を出したのが、当時、若手の政治家として頭角を現してきた安倍晋三氏と中川昭一氏でした。

それを、2005年に蒸し返して、朝日新聞は、「安倍、中川がNHKに政治圧力をかけて、番組を変えさせた」という大キャンペーンをやっています。

とにかく、NHKには中立性を欠いた体質があるのです。「クローズアップ現代」という番組では、天安門事件で虐殺はなかったと言ったことがあるぐらいです。NHKの中国特派員と一緒にコメンテーターが、「そうですか。じゃあ、死者がいたとしても40人が事故で死んだのなら、虐殺はなかったということですね」と話している。そんな番組を放送しています。

極めつけは、2009年のNHKスペシャル。裁判になった「JAPANデビュー」という番組です。日本が世界にデビューした、日本の近代史を扱うシリーズで、徹底的に「日本の近代史は暗黒だった」ということを訴えたわけです。

石　ＮＨＫが民放で、自分たちのお金で経営して、自分たちで好きな人、見たい人に向けて放映するというのであれば、ある程度理解できる。ところが公共電波では、その姿勢をとることは許されない。国民から受信料を徴収しておきながら、日本の国益を損なって、日本国民を侮辱して、我々の子孫たちに永遠に罪を負わせる記憶を植え付けようとしているのです。ＮＨＫはそれを公共放送という仮面を被って行っています。中国の中央電子台が「我々は共産党の宣伝部門だ」と言っているほうが、まだマシなような気がします。

西村　いちばん危険なのは、昔のＮＨＫが、80年代ぐらいまではある程度政府寄りだったことです。年齢層が高い人ほど、ＮＨＫは変なことは放送しないという信頼感を抱いている。ＴＢＳやテレビ朝日などの民放とは違うというイメージがあります。

そういうイメージがあるなかで、「ＪＡＰＡＮデビュー」という番組の第一回が、台湾統治を扱っています。日本が過酷な統治をしたという内容です。日本が「人間動物園」という名前で、ロンドンの博覧会に台湾の先住民族、タイヤル族（高砂族）の人々を連れて行って見世物にした、と放送しました。博覧会の写真を見せられて、取材を受けた人が泣いてしまったとか、そういうことを延々と放送したのです。放送後に抗議が殺到し、これ

はあまりにもおかしいのではないかとの世論の後押しもあり、視聴者や番組出演者を含めた集団訴訟で裁判にまで発展して、島田というディレクターが参考人として質問を受けるという前代未聞の事態になりました。私も取材で裁判は傍聴しています。

結局、地裁では訴えた側が負けたけれども、高裁では逆転判決で、NHK側が賠償金を払うことになった。上告して最高裁の判断を待っているところです（判決は2013年12月の段階でのこと）。

なぜこんな番組をつくったのかといろいろ考えると、私は李長春（りちょうしゅん）の意向が色濃く反映されたからだと推測しています。当時、共産党中央政治局常務委員、中国共産党中央宣伝部を統括していた李長春が、2006年に上海で行った国際シンポジウムで「反ファシズム世界統一戦線をつくろう」という講演をしたときに、台湾の独立派とか、民族分子を根絶やしにしなければいけないということを言って、台湾も、反ファシズム戦線の一角として、ちゃんと意識しなければいけないということを言っているわけです。

彼の言い分をまとめると大陸側、中国共産党と台湾は同じなのだということを位置づけしたことになる。それが2006年のことで、この番組は2009年に放送されている。結局、台湾の独立を志向する親日派というのが許せないわけでしょう。だから、日台分断

を目論んだ。それは中国共産党がいまいちばんやりたがっていることです。

石　だから今回のＮＨＫ会長人事こそ、反日左翼の最後の牙城を崩すことにつながるはずなのです。そういう意味では、安倍政権はすごくいいところに目をつけました。ＮＨＫを変えることができれば、すごく大きな意味を持つからです。ＮＨＫもそれを知っているから、いまはこの牙城を守るので精一杯。結構熾烈な戦いですよ。実際にＮＨＫに登場している解説者を見ても、軍事問題にしろ、北朝鮮問題にしろ、特定の人しか出てこない。朝鮮問題だと小此木政夫氏しか出ないとかね。荒木和博氏は絶対に出ない。

むしろ民放テレビ局の姿勢には変化が見て取れます。民放なら視聴率を追い続けるので、デタラメ反日をやってしまうことで国民からそっぽを向かれてしまっては、もともこもないわけです。

私がテレビ朝日の「ＴＶタックル」に出演したときに、青山繁晴氏、北海道大学（当時）の山口二郎氏も出演していました。中国の脅威に関して、その場で中国の軍事拡充のために弁護をする人は誰もいなかった。いくら山口氏でも、その場で「中国の軍事は脅威じゃないよ。中国は正しいことをやっている」とは言えない。むしろ中国に対する批判が、あ

の場でほとんど一致しました。

唯一、日本はどう対応するべきかというところでは意見が分かれました。我々は、日本が対応するために憲法を改正しなければならない、強くならなければいけないと主張したのですが、彼らは、日本は平和国家でなければならないとした。ただし、中国がけしからんということは、もう誰も反論を唱えることはできなくなった。そういう民放の変化を見れば、NHKも変わらざるを得なくなるでしょう。

西村　高齢者も安心して見ることができた80年代までの会長人事で言うと、島桂次氏（第15代NHK会長）までですね。その後の会長人事では、海老沢勝二氏（第17代NHK会長）についてはイデオロギー的な問題とはまったく別のことがいえると思っています。この頃は営利を目指していた。NHKとして利益をどれだけ上げていくかということで、多角経営にしたり、分社化したりしたことからもわかります。

もし、限られた受信料と税金を有効に使うことが前提にあるのだとしたら、私は海老沢氏のスタンスは否定しません。問題なのは、実際に番組をつくるディレクターやニュース番組のディレクターに怪しい人たちがどんどん増えてしまったことです。

80年代までは、歴史を知っている人が上役にいた。世代的にも戦争に行き日本を復興させた世代が、80年代に社会の中心、トップで動かしていたわけです。50代になって組織の中枢を担う人たちは、戦中派で学徒出陣した人たちが多かった時代で、私の父親もその世代だった。

そういう人たちがどんどん社会から退いていった90年代になると、歴史の嘘が堂々と出てくるわけです。慰安婦問題も１９９１年に朝日新聞の植村隆が書いたプロパガンダの捏造記事がきっかけになったわけです。

それと冷戦終結もリンクしているというのは皮肉といえるでしょう。植村隆は、学生時代は極左暴力集団と言われる組織に関係があったことを指摘する人もいます。

結局、そんな著しく反日的な人間が朝日、共同などのメディアにどんどん就職したわけです。そのように本当の歴史を知らないばかりか、反日極左のイデオロギーに染まった者ばかりが現場で新聞や番組を制作することになってしまったから、嘘がまかり通るようになったのです。

もちろん、そこには戦後教育が影響しています。私の場合、中学の教師から赤旗をとるように強いられたこともある。技術家庭の教師でした。社会の教師は授業中に自衛隊

の悪口を言ったりして、自衛官の子供がいるのにですよ。「富士の裾野で鉄砲撃って、戦争ごっこ」となじっていた。あれは教師によるいじめです。ほかにも国語の教師などは、「日本は真珠湾で卑怯な騙し討ちをした」と言ったけど、私は母親から真珠湾攻撃のときに世の中が一気に明るくなったと聞いていたから、それは全部違和感を持って聞いていました。日教組のひどさをあらわすエピソードとしていまでもおぼえています。

石　日本の場合、その時代こそが暗黒時代ではありませんか。60年代のイデオロギーは、確かに日本を支配していたのでしょうが、いまはイデオロギーで支持・不支持は変化しないでしょう。むしろ経済政策こそが第一でしょう。そういう意味で、日本はやっと暗黒時代から脱出して、明るい時代を迎えようとしている。

おそらく、いまそういう世界がまだ残っているのは、大学です。大学はまだ暗黒時代にあるのでしょう。大学で誰かが我々と同じ意見を言ったら、もう村八分にされるのは間違いありません。日本の大学の先生が、ほとんど社会に影響を与えていないのが幸いです。なにしろ、大学生は誰も彼らの授業を聴いていませんから。

低レベルな批判を繰り返す左翼の末期症状

石　左翼の敗北を語るうえでも、山本太郎が天皇陛下へ手紙を渡した件は論外でしょう。何より彼の手紙テロのことについて触れたら、この本の価値を下げてしまいかねません。

その意味で作家の室井佑月氏の発言も同種の危うさを含んでいます。彼女は『週刊朝日』2014年3月7日号の誌上で（安倍首相に対して）「あのぉ、三権分立って知ってます？」と発言しています。幼稚園児が先生に向かって「あなたは、幼稚園がどういうところかわかっていますか」と聞いているようなものです。

こうした左翼側の動きに国民が先導されなかったのは幸いといえるでしょう。代表的なところでいえば、本章冒頭でも取り上げた特定秘密保護法案の反対運動です。テレビ、新聞、雑誌……あらゆるメディアを使いながらも国民を扇動できなかった。左翼は完全に袋小路に追い詰められています。また、安倍政権の批判にしても、本当にレベルの低いところまで落ちたという印象です。例えば2014年2月16日の大雪の影響が続いた日に安倍首相が、東京・赤坂の天ぷら料理店で支援者と2時間ほど会食したことが批判されまし

た。事故や災害が起きるたびにどこで何を食べていたかをチェックして批判する。しかし、冷静に考えるまでもなく日本の総理大臣が天ぷらを食べることの何がいけないのでしょうか。このような稚拙な批判を繰り広げるスタイルはいまの左翼の焦りと堕落を物語っています。

昔の左翼は政策で戦っていたのに、山本太郎が園遊会で天皇陛下に手紙を渡して直訴したとか、「笑っていいとも」に安倍首相が出演しただけで、200人くらいがアルタ周辺で抗議したというのも、逆に彼らが国会の場においてやることが何もないからでしょう。要するにそんなバカバカしい批判ぐらいしかできることがないのです。

西村 真っ当な議論や批判ができない連中が目立っていることが末期的状況をあらわしていますね。籾井勝人NHK会長の記者会見のときなどは、彼らの陰湿さをよくあらわしています。初めて記者会見の場に出てきた民間企業出身の人に対して、朝日新聞の赤田康和記者が誘導尋問ばかりして、あまりにしつこいので、「これはオフレコで話しますよ」と前置きしたうえで、NHK会長ではなく個人の見解として話すことになった。

にもかかわらず、おかしな発言をしたとして記事にされてしまった。これほど卑怯な

「報道テロ」と言えることが平気で行われているうえに、2014年2月25日に開かれた衆議院総務委員会ではNHK理事全員に辞表を提出させたことが問題視されました。籾井氏は事実であることを認めながらも「それぐらいの覚悟でやってほしいという気持ちだった」としています。

また、NHKの経営委員に就任した作家の百田尚樹氏と埼玉大名誉教授の長谷川三千子氏の二人も同様に攻撃されています。長谷川三千子経営委員は月刊誌「正論」（2005年7月号）に掲載されたコラム執筆者へ受信料支払いを拒否する意向の手紙を送っていたこと。手紙にはNHKが2005年3月28日に放送した『クローズアップ現代』国旗国歌・卒業式で何が起きているのか」の内容に抗議しようとしたことと、NHKが改心するまで不払いを続けるという心境が綴られていたといいます。

それを取り上げて攻撃している。本当にくだらないと思います。特に長谷川氏が経営委員になったのは、ひどい放送内容に受信料を払いたくないという意思表示であり、そういう番組づくりを正すために経営委員になったわけです。

石　私は去年からツイッターをはじめましたが、そこでも左翼がくだらない攻撃をしてき

ます。いちばん笑ったのは、左翼の人が私を「売国奴」と罵ってきたこと（笑）。いったいいつから右翼の言葉を使うようになったのかと。

それともうひとつ、私のことを中国共産党の二重スパイだと言ってきた左翼がいる。どうしてそういうことを言うのかというと、「石平の言っていることは、日本の軍国主義を扇動するものだ。だから中国共産党のスパイに違いない」ということらしいんです。あべこべですよ。彼らからすれば、「中国共産党は日本を軍国主義にしたがっている」ということになってしまう。どうしてそういう無茶苦茶な論理になるのか。ここまで左翼は落ちたかと思いますね。

西村　本当に面白いですね（笑）。さきほどのＮＨＫの話で、百田経営委員は、東京都知事選に立候補した元航空幕僚長の田母神俊雄氏の応援演説でほかの候補者を「人間のクズ」と呼んだことが問題視されました。そのとき私も応援演説をしたので、宣伝カーの上に乗っていました。「人間のクズだなんていう人間は経営委員にふさわしくない」というバカな批判は国会でも起きました。一般国民がそれを見て、バカな批判をしているってこ

とに気づけばいいんですけど。

石　むしろ、それはいい現象だと思います。韓国の反日とも同じ構造で、彼らの反日がひどくなればなるほど、国民の意識がまともになりまさに反日の敗北につながっていくと思います。

戦後の常識のなかに潜んでいる「反日」

西村　一部の日本人が、なぜこうも反日思想に取りつかれてしまうのかということを考えてみると、いちばんの原因は、歴史感覚がなくなっていることにあるでしょう。歴史を知らないこと。自分たちが、いったいなんのおかげで存在しているのかということが、まったくわかっていない。だから、そういうものをちょっと見せたものが、いまはすごく売れているわけですよ。そこで書かれていることこそ、特定秘密なはずなのです。

日本人がなんのためにいま生きていられるのかということが日本の左翼メディアにとって特定秘密だったから、全部隠されていたわけですよ。それはアメリカ占領軍の時代は特

定秘密であったことであり、思想的にアメリカの奴隷となっていることでもあるんです。

石　要するに、アメリカが日本に持ち込んだ歴史観、1945年より前の日本はすべて暗黒時代。昭和20年に占領軍が入ってきて、日本に民主主義を持たせたからこそ、日本は明るい時代になったということを盲信しているにほかなりません。だから、アメリカ大使館の誰が出したのかわからない、靖国参拝に失望したという言葉を鬼の首を取ったように喜んで報道したのでしょう。そのときこそ、日本中の左翼たちは皆アメリカ政府の擁護者と追随者となったかのような感じです。

さらに笑えたのは、私と一緒にテレビ番組に出た中国人ジャーナリスト莫邦富（モーバンフ）という人が「いちばん早く声明を出したのはアメリカ。この事実、あなたたちは知らないのか」と突きつけてきた。これには「お前は、いつからアメリカの手先になったんだよ」と呆れてしまいました。

本来ならば皮肉さを笑えないとダメな事象だと思うんです。そして、思想的な占領軍を打ち破っていかなければならない。

西村　最後は結局、文学評論家の江藤淳氏が80年代に『諸君！』に長期連載していた、『閉された言語空間』の問題点に還っていく。日本の言語空間を閉ざしているバリアーを打ち破って、そこから解放されないと、日本は独り立ちできない。最後はそれですよ。

アメリカ占領軍の情報統制や検閲が何を行っていたのか。そして、そのあと日本人の思考形態がどう変えられたのかということを知ることがいちばん重要なのです。

それに関連することで、3月初旬にツイッターで面白いことがあった。私の読者であるオーストラリアに住んでいたある女性から、キャロライン・ケネディ駐日大使の発言に呆れたというメッセージが来ました。

どんな発言かというと「ベアテ・シロタ・ゴードンという女性が、日本国憲法に女性の権利を書いた」という内容でした。ちょうど世界女性月間ということで、ケネディ大使は軽い気持ちで書き込んだのでしょう。日本国憲法は「これはアメリカが書いた」「いや、違う。日本人が書いた」という論争になるのに、アメリカの大使が、女性の権利条項をベアテ・シロタ・ゴードンが書いたと断言している。

このベアテ・シロタ・ゴードンの父母はウクライナ系ユダヤ人ですが、戦前も一家で日本にいた親日家です。日本国憲法に書いたときは22歳。

彼女はそのときアメリカにいましたが、日本に両親が残っていたので、どうしても日本に行きたかった。それでGHQにリクルートして、採用されて日本に赴任しました。すごく日本語ができたにしても、ただの女の子に過ぎなかった。それが、憲法の起草チームに入った。憲法も何も知るはずがないのです。それなのに最初に案も書いている。日本国憲法はそんな代物なのです。

確かにベアテ・シロタ・ゴードンは、女性の権利というのを書き込んでいるんですよ。それがいまの二十一条や二十四条に活かされているけれども、それは当時のアメリカ憲法にさえ書かれていないようなものです。

要するに、ポッと出の女の子を憲法起草に使ったということなわけです。そのゴードン氏が、日本国憲法に女性の権利を書き込んだということを、キャロライン・ケネディ大使が得意になってツイートしているわけです。

だから、その背後を全部知っている女性から私に、「こんなことを書いている」とメッセージが来たわけです。そうしたことがあって、私がツイッターで「日本国憲法というのは、一週間か十日間で誰によって書かれたのか」ということをツイートした。

実際はGHQのチャールズ・ルイス・ケーディス大佐が書いて、あと、ハーバート・

ノーマンというカナダの共産党員です。彼は、エジプト赴任時代にマッカーシーの赤狩りで追及されて自殺しました。そういう人間が中心になって書いているわけです。そういう人たちが、ハーグ陸戦条約違反に当たる、被占領地の憲法書き換えという戦争犯罪を行って、しかも、ベアテ・シロタ・ゴードンというのは、日本国憲法起草の女性の権利部分に関わっただけではなくて、公職追放にも関わっています。要するに、何も知らないのに、ソ連共産党やコミンテルンと関わりのあるアメリカ左翼の考えに従っていたわけです。

皮肉めかして言えば、ＧＨＱが日本ではうまくいったけれども、なぜイラク占領ではうまくいかなかったのかということをアメリカは反省すべきだということです。3月10日の東京大空襲「東京大虐殺」、広島、長崎への原爆投下と、これだけの大虐殺をされた日本人が、なぜ簡単にアメリカの占領政策に従ったのか。

なにしろ、現在でも東京大空襲で日本政府を訴える日本人がいますからね。そういう笑い話が出てくること自体が、ＧＨＱのつくった言論空間がまだ生きているからです。

おまけに、広島の原爆慰霊碑には、「過ちは繰り返しませぬから」と書いてある。終戦から29年後にフィリピンのルバング島から日本に帰還して、今年お亡くなりになった小野田寛郎氏が、広島であの碑文を見て、「これはアメリカが書いたのか」と言いました。

本来、それが普通の感覚なんです。戦後の言語空間に囚われていなかった人は、そのように普通に判断できる。そういう奪われた常識というか、言論空間をどうやって取り戻すかということがいちばん重要です。

石 そういう意味では、我々が「反日」を最後まで破るためには、反日の牙城、左翼を破るだけではなくて、我々の常識のなかにある反日も、いつか思想的に、文化的に、ちゃんと点検して一つひとつを変えていかなければならない。いろいろな意味で、知らず知らず、普通の人々のなかにそういう思想が日常化されているわけです。

なかには、自衛隊や集団的自衛権というと、なんか「怖い」と思ってしまう人もいるでしょう。実際、ある地方の住民が、自衛隊の駐屯地から迷彩服を着て移動する様子に「不安を感じる」との理由で訴訟を起こしました。私は一瞬意味がわからなかった。もし外国の侵略軍が来たら不安を感じるのは当たり前ですが、なぜ自国の自衛隊を見て不安を感じるのでしょうか。

軍隊はどこの国のものであろうと、すなわち悪。迷彩服、すなわち悪。そうした先入観が先天的にプリントされているとしか思えませんでした。

西村　それは、連合国軍総司令部・GHQが日本人を洗脳した、ウォー・ギルト・インフォメーション・プログラム（WGIP）ですね。つまり、占領軍があらゆる手段を用いて、メディアの検閲や個人の手紙、電報の検閲を行い、さらにNHKを使ってアメリカの戦争がいかに正しいか、日本の戦争がいかに悪かったかを徹底的に敗戦後の日本人に刷り込み、洗脳したわけです。そして、交戦権を持てない占領憲法で軍事的なものに嫌悪感を植え付けた。

これほど極端な国はないですね。世界中で、自分の国の軍隊を見て不安を感じる国民は、いまの日本人しかいない。

五章

我々に残された課題と日本の未来

軍事大国・中国の暴走に備えるには

西村　日本の今後のことを考えると、いかにして独立国家として歩んでいけるかどうかに尽きます。中国は公に発表されている軍事予算だけでも、アメリカに次ぐ軍事大国となっている。世界の軍事費の半分近くを占めているアメリカの次に軍事費を使うようになっていて、ロシアよりもはるかに上回っている。

２０１４年のウクライナ騒乱からロシアがウクライナ南部のクリミア自治共和国に対して軍事行動を起こし、住民投票を経てロシアに編入することを決めたという「ロシアのクリミア侵攻問題」があります。また、学生たちによる台湾議会の占拠も大きな問題となっています。それが日本のメディアでの扱いは小さい。

この事件の本質は、国民党が中国共産党とサービス貿易協定という経済協定を結んだことです。それが中国本土の資本の流入をしやすくする。そうなると、必然的に台湾が中国に呑み込まれやすくなってしまう。

この経済協定に批准するかどうかというところで議論が激しく対立するという、まさに

そのときに、闇討ちのようにたった30秒で国民党が強行採決をしてしまった。これに怒った学生たちが3月18日に議会を占拠したというわけです。

根幹にある問題はロシアのクリミア半島の情勢に似ているにもかかわらず、日本のメディアの報じ方がおかしかった。産経新聞と朝日新聞が結構真面目に報道していたが、それでもテレビがまったくダメでした。

日本が独立国家として歩んでいけるかは、軍事大国・中国の暴走という危険性の抑止力になることにこそあります。その意味では、こうした中国の暴走を逐一、監視していく必要性をメディアは感じていくべきなのです。ところが、我が国の領土であるはずの尖閣諸島ですら十分にできていません。

あともうひとつの側面として、日米安保によってアメリカが日本のいちばんのパートナーということになっているけれど、もはやアメリカは信用できないということを前提にしなければならないのです。そうでなければ日本の独立は絶対に確保できないということをこの機会に言っておきたいですね。

石　日本の現状を突破する唯一の方法が自立を目指すということなのは私も同感です。日

本にとってこれからの国防上の問題、ある意味では日本が存続するために今後の大きな問題となって立ちはだかってくるのは中国の脅威です。

日本の近隣に中国があり、近年は急速に軍事大国化しています。軍事費は公表された数値の倍は使っていると推測されますが、使用目的が同じく軍事大国であるアメリカと大きく違います。アメリカがあれほど軍事費を使うのは、「世界秩序の維持」です。大義名分としてはそのようになっていますので、ある程度は全世界に目を向けていることは事実です。

ところが、習近平が目的として掲げているのは「アジアの秩序の破壊」です。それがいちばんの違いであり大きな問題で、同じ軍事費といっても意味が違うのです。日本には軍事力があっても「専守防衛」しかなく、国を守れるかどうかもわからない。それなのに中国は軍事力を侵略に使うと掲げている。その背後にあるのは尖閣に代表される、中国の「海洋戦略」にあります。今後、中国は2020年までに南シナ海と東シナ海を含む西太平洋を支配する戦略を持っているのです。

海を制覇するということは、海を頼りに生産活動をしている国々を支配するということです。日本は悪い意味でその好例です。資源もないし、国民の生活と経済を成り立たせる

ために海外から石油などの資源を輸入しなければなりません。資源を運んでくるルートこそがまさに南シナ海、東シナ海です。もしそこが中国海軍に押さえられてしまったら、日本は中国の属国になる以外に生きていく道はありません。

２０２０年までの完成を目指している海洋戦略は、着々と準備されています。まるでそのことを裏付けるかのように毎年二桁以上軍事費を増やして軍拡を積極的に進めている。では、日本は中国の侵略にどう対処するべきなのか。いま日本が考えなければならないのは、習近平政権の本質です。

２０１２年の11月に習近平政権が誕生すると、胡錦濤政権以上にあからさまに軍拡主義路線を明確に打ち出してきています。胡錦濤政権は一応、鄧小平の韜光養晦という戦術のもとに、目立つことはせずに、静かに覇権主義を進めていました。表向きには平和的台頭という仮面をかぶっていたのです。ところが習近平政権ではこの仮面すらいらないということでとってしまった。平和的台頭などという言葉は誰も言わなくなって、代わりに出てきたキーワードは「強軍」。つまり強い軍隊をつくるということ。

ちょうど3月に全国人民代表大会（全人代）が開催されました。人民解放軍が代表団を大会に送り込んだのですが、習近平がその将校たちと座談会を開いたんです。そこで習近

平は20分くらいの講話をしました。その全文が人民日報に出ています。わずか20分程度のスピーチのなかで私が数えたかぎり、「強軍」という言葉が33回ほど出ている。さかんに戦争に勝つ準備を整えようと指示しているわけですから、もはや「強軍狂」です。

もし、日本で安倍首相が自衛隊を視察して、「諸君、明日から戦争に勝つ準備を整えよう」と言ったらどうなるか考えてみてください。おそらく朝日新聞は3カ月間大キャンペーンで大騒ぎするでしょう。しかし、中国ではそれが普通のことになっているのです。日本のマスコミはまだ「安倍政権は日本を戦争ができる国にしようとしているのではないか」と批判している。そんな基準で言えば、中国はとっくに戦争できる国になっています。

習近平政権でのもうひとつのキーワードは「海洋強国」です。鄧小平時代から進めてきた海洋戦略を自分の代で集大成にしたいということです。習近平が目指しているのは、もはや「中国の皇帝」ではなく、「アジアの皇帝」なのです。

アジアに君臨しようとする習近平こそが日本が直面している現実です。黒船来航はせいぜい開国と通商を迫っただけですが、中国の海洋戦略は、日本の息の根を止めてしまう可能性がある。「黒船」の100倍以上の脅威なのです。皇紀二六七四年間の歴史で最大の

危機です。中華帝国は様々な侵略を行ったが、海には出てこなかった。興味がなかったからですが、それが日本にとっては幸いだった。しかし、残念ながら私の同郷の鄧小平が海洋戦略を立ててから、それにどう対処するかが日本民族にとっての最大の課題になっているのです。

アメリカが抑止力にならないという現実

西村　いちばん問題なのは、いま石さんが話してくれたようなことを、日本が世界に向かってまったく発信していないことにあります。全人代で「強軍」という言葉が何度も使われたということも、日本はもっと「中国はこれだけ牙をむいて凶暴な存在になっている」と世界に向けて大きくアピールしなければなりません。ところが、まったく広報ができていない。日本の国家戦略に基づいた外交広報というものがいまだに機能していないということを証明してしまっている。

それからもうひとつ問題があるとすれば、オバマ政権だろうと共和党政権だろうと同じことだと思いますが、アメリカは世界の警察としての役割である「抑止力」を発揮できて

いないということです。

クリミア半島問題にしても、大統領選挙のときにもある程度の予想はできていたはずです。候補者同士の討論会でも焦点になっていたはずなのに、オバマは対立候補だったジョン・マケイン上院議員との議論では一蹴していた。結局、プーチンのやりたいようにさせてしまって、いまさらになって再び冷戦構造をつくりだすような愚行をしようとしている。ロシアをサミットから閉めだして孤立させようとしたことだけでも、その姿勢が透けて見えてきます。いっぽうでロシアはしたたかです。オバマの戦略などとっくに織り込み済みなはずです。

南沙諸島と西沙諸島の領海権に関しても、アメリカは本来の抑止力としての役割を果たせていません。中国はフィリピンやベトナム、インドネシアと争いながら軍事施設を建設したり戦艦を派遣して実効支配するなど既成事実を積み重ねている。第一列島線を完全に突破して人民解放軍が西太平洋に進出しているわけです。

ここまで自由に振る舞われては、アメリカが誇る第7艦隊がなんの抑止にもなっていないどころか人民解放軍に完全に嘲笑されています。中国の意思表示は2014年3月8日のマレーシア航空370便の行方不明事件に関しても、中国人153人を含む227人が

搭乗していたことを理由に捜索するにあたって「南シナ海にも中国の航空基地が必要」だと、実効支配への布石にしようとする意図が見え見えの発言をしています。

2013年、12月に日本でASEAN会議が開催されて存在感を示すことができましたが、そういう状況に対してアメリカは中国と経済的につながっているという部分があるので、習近平には露骨に反対意見を言えない。

実際に、国賓待遇でありながら、日本には来なかったオバマ大統領夫人がオバマ大統領の来日直前に一週間も北京に行って習近平と会談していることからもわかります。オバマの親族が中国に対して巨大なビジネスをやっているのです。そういう利権があることも弱腰な姿勢を助長しています。そうなってくると、日本は米中からいいように利用されつつ、どんどんお金を取られていくことになりかねません。

石　クリミア半島問題は、最終的にアメリカが主導して制裁を行うことになるでしょう。それでも軍事行動を起こす前にロシアを阻止してウクライナを救うこともできなかったことが決定的な現実なのです。いまのこの時代に平気で武力によって他国の領土を奪ってしまう国があり、しかもアメリカやそのほかの国も阻止できないという事実が知れ渡ってし

まいました。

この状況を好機と見ているのが中国です。中国が同じようなことをしても、アメリカは阻止できないでしょう。さきほども述べた通り、中国はロシアに劣らない軍事力をもっている。しかもアメリカと濃密な経済関係にあります。これだけでも十分に日本にとって脅威となりますが、もう少し具体的に掘り下げてみると、将来的に考えられる懸念が二つあります。

ひとつは、アジアで起こりうるクリミア問題があります。これは先ほど出た台湾です。馬英九（ばえいきゅう）政権はいま、いわゆる「台湾の中国化」というものを進めていて、中国資本の注入、あるいは移住ということを促進してきている。このままいけば、台湾が中国に呑み込まれるのは時間の問題です。

それだけに手を緩めることなく台湾のなかの親中派を総動員して国民投票をやれというように煽る。そういう運動が起きてしまった時点で台湾は分裂してしまうでしょう。共産党がいろんな手段を講じて国民投票が成立するように誘導することはできる。

確かに民進党（民主進歩党）など、台湾の独立を守り、中国に抵抗しようと考える人たちは多いが、民進党のなかでも、多くの経営者たちが実際に中国で投資している。また、中

国は台湾のメディアにも浸透を進めている。

だから、中国がそうした資源や力を総動員すれば、国民投票の運動は成功してしまうわけです。そうすると、いわゆるアメリカの「台湾関係法」を無力化してしまう。この法律は、東シナ海の軍事バランスを維持するために、１９７９年に制定されたアメリカと台湾の事実上の軍事同盟であるが、台湾の民意であるなら、アメリカはどうすることもできない。はっきり言って、台湾が中国に併合されたら、日本はお手上げです。

西村　その前段階としていまはっきりと行われているのが、２０１５年に導入される台湾の高校の歴史教科書で、日本関連の記述が変わるということです。これは改竄です。李登(りとう)輝(き)総統になって台湾が民主化して初めてできた「認識台湾」という歴史教科書によって、台湾のアイデンティティを大事にすること、日本の統治時代の客観的な評価をするということが台湾の民主化のひとつの流れでした。

しかし、国民党が改竄する歴史教科書では、例えば「日本の統治時代」というのを「日本の植民地時代」と変えています。要するに韓国と同じようなやり方です。国民党がそういう方針を打ち出したということは、明らかに中国共産党の意向を受けているということ

です。そういう意味でものすごく危険なわけです。

石　もし、その台湾での試みが成功すれば、中国が次に手を伸ばしてくるのは「沖縄」です。台湾のやり方を見ればわかるように沖縄で独立運動を煽り立てるはずです。そのための第一段階として経済的に浸透していき沖縄県民の心を掴む。経済的な結びつきによって沖縄県民のアイデンティティに揺さぶりをかけることで「琉球」の帰属投票が行われることを狙ってくることも十分に想定できます。いまでも沖縄の一部の人には「中国は親戚で、日本は友人」というようなことを言っている人がいるほどです。

私が沖縄で首里城を訪れたときのことです。そこに琉球の歴史を書いた展示物がありました。琉球王国は15世紀から19世紀まで沖縄を支配しており、明および清に朝貢をしていて、中国の皇帝から国王として認められたわけです。その任命書をたずさえた使者が来て行われた式典の様子を再現したものです。使者はとても偉そうに任命書を朗読しており、対して琉球国王は跪いている。その場面を説明したパネルには「その瞬間こそ、琉球の歴史上最高のイベントでした」と書かれていました。

これは沖縄の人が書いたものです。琉球の歴史的事実としては認めることはできても、

中華帝国に自分たちの国王がひれ伏したことは屈辱でしかないはずです。それを「最高のイベント」と言ってしまうことが私には理解できませんでした。県民の意識の程度がこのような状況にあっては、いずれ中国共産党につけ込まれてしまう危険性は拭い去れないでしょう。

もはやクリミア半島の事件は対岸の火事では済まされない。アジアで、まさに日本の周辺で同じようなことが起きるという問題意識をもたなければいけないのです。ロシアのように中国が好き勝手にやるなら、日本は終わってしまいます。

アメリカもほかの国も何もできない、ならば結論として言えるのは「自分たちの国は自分たちで守る」しかないということ。あまりにも簡単明瞭で当たり前のことです。では、そのためにどうするかということを考える必要があります。

西村　結論から言ってしまうと、「自分たちの国は自分たちで守る」には憲法を変えることです。それと核武装です。もちろん、いきなり核武装するのではなく最終的にそこへいくということを視野に入れて、とにかく自分の足で歩行できるようにすることなのです。

いまの日本は戦後にアメリカが取り付けた歩行器で歩かされているようなもので、自立

歩行ができていないままなのです。日本を支えている側というのは、結局自分たちの利益のことしか考えていない。それは、当たり前のことで決して利他的にやろうとしているわけではない。いまは、日本はそういう状態から脱するための助走を、第二次安倍政権の誕生によってようやくはじめたばかりだと思います。だからこそ「反日」のベクトルが強くなっていて、日本に対する攻撃が強くなっている。

憲法の九条を変えるだけでも時間は必要です。集団的自衛権を行使する、世界中の軍隊がやっていることを日本でもやる、というただそれだけのことでもできるようにしないといけない。憲法の解釈という議論になるのがそもそもおかしいんであって、自衛隊がいまの憲法で存在が認められている、本当は憲法違反なんだけど、憲法解釈によって事実上合憲になっている。それだったら自衛隊が普通に動けるようにすべきです。「集団的自衛権」なんて言葉はどの国の軍隊も使っていない。それは当たり前のことだからです。

石　しかし、いまの自衛隊が認められているのは、何もできないから。ちょっとでも、何かできるようになったらすぐに違憲になるんですよ。問題はそこで、要するにタマを抜かれた存在だから合憲なんです。そういうあり方から変えていかないといけない。

西村　まさにその通りで、最近も南スーダンで自衛隊が国連平和維持活動（ＰＫＯ）協力法に基づき国連を通じて韓国軍に銃弾を供給したことを共産党が問題にしていました。これも滑稽な話です。自衛隊の隊員たちをそんな状態に置くことがおかしいはずなのに現場を攻撃するなど論外でしょう。

これは大きな問題ですが、どうも日本人が戦後の69年間で、軍事に対する考え、常識をもつことができなくなってしまっているということです。大学でも軍事学を教えていない。海外ではどこにでもあることで、ごく普通のことなんです。だから軍事に関しての常識も、知識も何もない。そういうところでも徐々に変えていかなくてはいけない。

いま、集団的自衛権の行使について世論調査したら、行使すべきでないというのが多くなることもあるのですが、これではマスコミのアンチキャンペーンが効きすぎているのではないかと思わざるをえません。実態が知れ渡れば、誰にでも理解できることだと思うのですが。

「戦後反日」からの脱却

石　集団的自衛権を認めるのは前提ですが、そこにはアメリカと日本がアジアの平和を守るということで行動をともにする必要があります。極端な場合、アメリカが逃げ出して、日本が単独で守るというときには集団的自衛権にそもそも意味がなくなってしまうのです。

こうした想定をめぐらせていくと結局、憲法問題にたどり着くしかありません。平和憲法の精神、他国民の善意を信じて託すという幻想は、アメリカに押し付けられたもので、日本を無力化したうえでアメリカが日本を守るという暗黙の前提があるから成り立つものです。しかし、クリミア半島の事件ひとつとってもその前提が崩れてしまい、自分の身は自分で守るという原則を徹底するしかない。そうなったときには、日本の憲法は無意味というよりも最大の弊害になるわけです。

もうひとつ、憲法には国防という観点以外にも問題があります。それは日本という国自体の問題。現行の憲法を人間にたとえるなら、首から上を取り除いて別なものをくっつけ

ているような状態。日本の精神とはまったく断絶した、移植された別人の頭。20代のベアテ・シロタ・ゴードンが神武天皇以来の歴史を持つ日本の憲法を書いてしまうことなんて笑い話でしかありません。

いまの憲法を廃棄して、新しい憲法をつくるならば、日本の文化、国体に根ざした日本的なものであるべきです。その新しい憲法をつくることが、「戦後日本」からの完全な脱却になる。戦後を本当に終わらせるならば、思想的な意味においても、新しい憲法をつくらなければ無理なのです。日本国内の反日的な思想を取り除く憲法です。

ただし、本気で新しい憲法をつくろうとしたら、日本国内において、我々と反日勢力との最後の戦いになります。おそらく反日勢力もそのことはわかっているから、憲法問題では総力をあげて反抗してくるでしょう。

西村　反日サヨクは憲法九条や、九十六条の国民投票法の改正など、改正のための国民投票が今後起きることを予想しているはずです。だからこそ特定秘密保護法案に対する反対キャンペーンは「予行演習」だったと私は見ています。

しかし、あれだけ朝日や毎日が連日紙面展開をしたにもかかわらず、世論を牽引するこ

とはできなかった。政治ではなく国民のほうがもっと真剣に憲法改正に向けて取り組んでいるからです。それがあるからこそ、憲法が最後の焦点になって、反日勢力と争うようになったとしても私は希望を持っています。

例えば産経新聞や読売新聞、それから自民党、JC（日本青年会議所）などが独自の憲法草案をつくる活動をしているのです。もちろんそれぞれの憲法には問題点があるけれども、そういうところとは別にして、志のある民間人が憲法を起草していることが大切な意味を持つと思います。私も憲法を起草する勉強会に呼ばれて何度も行っています。私が行ったのは自衛隊初の特殊部隊である「特殊作戦群」を創設し、初代群長となった元陸上自衛隊一等陸佐の荒谷卓さんが主宰する「憲法を起草する会」です。4年も前から毎月一回勉強会をやっています。

大日本帝国憲法をベースに4年間も討議を重ねて「旧憲法を超越するものを」という高邁な志で、様々な職種の民間人が集まって真剣に議論を重ねています。

「そのとき歴史は動いた」ではないけれど、そんな気がしています。

だから、いまの占領憲法をただちに破棄しても、それに代わるものを用意する準備はできているのです。あるいはイギリスのように憲法がなくてもいいし、十七条の憲法と五箇

条の御誓文だけでもいいのです。とにかくいまの占領憲法をどうにかしないかぎり、戦後は脱却できません。そもそも戦争で負けて押し付けられた英語で書かれた憲法を、妙な翻訳文のままいまだに持っているという客観的な事実だけでも異常なことです。世界史上稀に見る奴隷国家と言っても過言ではありません。中学生でも気が付くはずですよ。

日本は人口1億3000万人、世界経済第3位という大国です。おそらく、数百万人の小さな国であっても、憲法くらい自分たちでつくっている。「日本が自前の憲法を持っていないことを知っていますか？」とアンケートをとったら、世界中が知らなくてびっくりすると思います。「えっ、日本のコンスティチューション（憲法）って、アメリカがつくったものを使ってるの!?」って。逆にそうしたことを広報していくとかね、そうすれば日本が憲法を見直そうというときに、ナショナリズムだと言って批判する人たちこそファシストだと反論できるようになる。

第二次大戦が終わった直後に戦勝国の主観と論理で一方的につくられたものだという事実を世界に示せるようになる。でも結局、そういうふうに言い返せないままいまに至っている。だから、「河野談話の見直しはよくない」と、いまだにアメリカに言われているような、情けない国家になっているんです。

石　日本の左翼の人たちがおかしいのは、普段は反米なのに、アメリカがつくった憲法だけはかたくなに守っているということ。日本共産党が帝国主義アメリカのつくった憲法を守ろうとしている。そのこと自体、おかしくてたまらない。もし、手段や方便としてのやり方だとしたら、それは国民に対して詐欺を働いているようなものです。

結局、そういう姿勢だったから、自民党は結党以来、憲法改正を掲げていながら、何もできなかった。しかし、力あるかぎり、憲法改正運動をしていくことは、我々の言論活動にとっても最大の使命です。各人それぞれの研究分野、西村さんであれば国内の問題から発言して、私であれば中国の問題を発言して、それを集約して最終的には、占領国がつくった憲法を破棄して、日本人自身の憲法をつくるということが必要なはずです。そのためには、一度、アメリカを捨てる覚悟でやらなければならない。アメリカがどういう反応をするかというのもありますが。

西村　アメリカの一部では、日本の改憲に反対する勢力も根強いと思いますよ。それは、2014年3月16日の朝日新聞一面に掲載された、ジョセフ・ナイのインタビューではっ

きりとわかる。

石　それもおかしな話ですね。朝日新聞はアメリカ人の言ってることでも、憲法改正反対の意見なら一面に載せる。いったいどちらがアメリカの手先かっていうことですよ。まあ、それは日本にとって経由しなければならないひとつのステップです。

ただし、憲法改正を別とした場合、私は基本的に日米同盟は大事だと思っています。だからといって、日本の根本にかかわる憲法の問題が、アメリカの顔色をうかがいながらというようなことではいけないし、アメリカとの関係は憲法改正があってこそ、対等になるはずなのです。日本が自分の身を自分で守れるようになれば、日米同盟は対等なものだといえるが、現状ではアメリカは日本を守る、しかし日本はアメリカを守らないという一方的なもの。日本はアメリカに守ってもらっているということでアメリカの顔色をうかがっている。

さすがの安倍首相でさえも、衛藤晟一総理補佐官をわざわざアメリカに派遣して、靖国参拝について意見を聞いている。反対されるのはわかっていて、どちらにしろ参拝するつもりだったが、それでも意見を聞かなければいけなかった。それが日本の現状です。だか

ら、正しい日米関係をつくるためにも憲法改正は必要なんです。

西村 ちょうど40年前に、三島由紀夫が福田恆存との雑誌の対談で面白いことを言っていました。それは、「日米安保が本当に機能するのなら、自衛隊の基地もアメリカに置くべきだ」というものです。論理的にその通りでしょう。でもね、戦後レジーム、戦後体制に飼い慣らされた思考回路だと、目から鱗の発想なんです。

石 軍事的にもその通りです。例えばグアムに自衛隊の基地をつくってもいい。グアムやサイパンは日本の国防にとって大事なのは明らかだからです。

国際戦略的にも、アメリカにとって日本はアジアで心強いパートナーになれるんです。アメリカはいま自分たちの限界をはっきりと意識している。もしアメリカの指導者が賢明であるならば――オバマにそれを求めること自体無理ですが――すすんで日本に憲法改正をすすめるでしょう。あなたたちも強くなって、一緒にアジアの秩序を守りましょう、と。

西村　アメリカにとって大西洋におけるパートナーがイギリスであるように、西太平洋において日本が同様の立場になったときに初めて日米関係は健全に機能するといえるでしょうね。アメリカはイギリスとだって過去に戦争をしているし、独立戦争に対する評価だって両国は逆のことを言っているし、だけど米英の関係は成り立っている。お互い腹の底を探りあいながらも、顔色をうかがうようなことはしません。

ＴＰＰがアジア秩序にもたらす意味

石　アメリカとの関係で言うと、もうひとつ気になってくるのはＴＰＰの問題です。私は基本的に賛成です。ただし、聖域なき関税撤廃は絶対にあり得ない。五品目は関税を守ることです。一方で基本的に賛成する大きな理由としては、中国を抜きにしたアジアの経済圏をつくることによってアジアの安全保障ができるということ。経済的な意味において中国の膨張を封じ込めることができるからです。

そういう経済圏ができれば、経済的な意味において例えば日本への攻撃が、アジア全体への攻撃と同じ意味になる。日本の市場も、シンガポールの市場もベトナムの市場も同じ

意味をもつことになる。要するにＴＰＰは安全保障の意味でもアジアの助け合いになる。ＴＰＰがなければ経済的にも周辺諸国は中国に呑み込まれていくことになる。

しかし、これは我々にとってジレンマとなりますが、ＴＰＰによって日本の経済的自立性を奪ってしまうことになる可能性もあるということです。

西村　グローバル経済の大本を支えているファンドやゴールドマン・サックスなど証券会社や国際金融資本に好き勝手させないためのバリアーをどこにどう築くかということなんです。経済圏をつくるということはブロック経済ということで考える必要があるのですが、ＴＰＰに反対している人たちはグローバリズムに反対ということと、新自由主義による資金の流れとか、日本が金融資本に好きなようにされるということが心配なんです。

参加する各国の特殊性や歴史を認めたうえでの経済協定であればいい。さっきの聖域がちゃんと守られるという担保があればいいが、そうでないと非常に怪しい方向にいってしまうのではないかと思います。そもそも、関税自主権がなくなるのは異常なことです。いまさら、日露戦争以前の不平等条約に戻るということになります。

石　コメの問題は経済問題だけではないと思います。日本の文化・伝統のうえに成り立つものです。TPPからもうちょっと発展して、今後の国際戦略という意味では、海洋国家との関係を強めることです。まず台湾、フィリピン、インドネシア、シンガポール、そして南アジアいちばんの大国であるインドです。南半球のオーストラリアも関係を強めるべき国です。

日本が今後連携すべき国との関係で理想的なかたちとしては、まず日本は憲法を改正して、アメリカと平等でお互いに助け合える関係になる。その新しい日米同盟を基軸にして、海洋国家と連携し、中国の膨張を封じ込め、アジアの秩序を守る。東シナ海と南シナ海の航海の自由を守る。そういう国際戦略の道を日本がたどってほしいと思います。

もうひとつ、ここまで再三述べているように核武装が必要です。「日本は広島と長崎のことがあったから核はもつべきではない」ということがよく言われますが、まったく逆です。

広島と長崎のことがあったからこそ、そんな悲劇を二度と起こさないために、核をもつべきなのです。核の悲劇を阻止する唯一の手段は、こちらも核をもつことです。

より踏み込んで言うならばこれは対中国の問題です。中国が核をもっていて、日本が保

持していないというのはたいへん危機的な状況です。核兵器がないということは中国が日本からの報復をいっさい恐れていないということです。もし東京に核兵器を撃ち込んでも、日本に反撃する手段は何もない。中国はやりたい放題です。

では、同盟国であるアメリカの核の傘は日本を守ってくれるでしょうか。核の傘というのは攻撃によって守るんです。日本がどこかから核攻撃を受けたら、攻撃を仕掛けた国に対してアメリカが核攻撃をする。それで初めて核防衛というものが成り立つ。しかし、果たしてアメリカが日本のために中国に核を撃ち込むことができるかという疑問がある。というのは、今度はアメリカ本土が中国からの核攻撃にさらされる危険性があるからです。場合によっては何百万人ものアメリカ人が犠牲になるでしょう。そうなると、アメリカはその判断ができないと思います。

結果として中国に核兵器を撃ち込むことができないならば、核の傘は無意味なものになってしまう。中国共産党がそのことに確信を得ているならば、核の使用になんらためらいはない。

そうすると中国の核の脅威から身を守る唯一の手段は日本が自前の核兵器を持つしかない。核の脅迫を取り除くにはそれしかないのです。

西村　どうしても具体的にイメージできる人は多くないかもしれませんが、中国からの脅迫はいままさに起きているのです。尖閣諸島の問題が起きたり、あるいは愛知県稲沢市議が覚せい剤を持っていて広東省の空港で捕まったという事件や、石家荘市でフジタの社員がスパイ容疑で捕まったりとか、自衛隊の飛行機が領空侵犯でスクランブルをかけられたりとか、そういう嫌がらせみたいな圧力をすでに何度もかけてきているのです。

これらはすべて中国の１８０～２００基の核ミサイルが日本列島に狙いを定めているという前提によって行われているのです。

その常識をあまりにも我々は知らなすぎることが問題なんです。より正確に言えば、知らされていないということです。そのバランスが少しでも変わってくれば、むこうは挑発してこなくなる。

オバマ政権が核廃絶の演説をしてノーベル平和賞を受賞していますが、実際には核兵器の数を減らすことができなくて、嘘八百になっている。

これだけを見てもわかりますが、核廃絶を世界に宣言できるのは日本しかないわけです。そのためには日本しか核武装ができないんだということを、国連とかＩＡＥＡが認め

るとか、そういう展開にもっていかないと核廃絶なんてできない。

石さんが述べたように「世界中で核兵器を持てる権利があるのは唯一の被爆国である日本だけだ」というぐらいのことをなんで言えないのかと思いますよ。

ちょうどハーグで核軍縮サミットが行われて、そこで日本はアメリカとイギリスから預かっている東海村にある冷戦時代に研究用として提供された核物質プルトニウムを返還する方向で調整することになりました。このプルトニウムはすぐに核兵器に転用できるものです。

この動きは演出かもしれませんが、安倍首相が演説で核軍縮に貢献すること、世界のテロリストから核を盗まれる危険性を回避することをやっていくと言いました。これも実は最近になってアメリカが返せと言ってきたんです。日本の核武装を懸念してのことかどうかはわかりませんけれども。私は返さなくてもいいと思っています。核軍縮サミットなんてほとんど政治のショーであって、なんら実効性をもっていない。道筋もできていない。むしろいまの情勢で、ロシアをG8から排除するなんていうことは、20年以上前の世界に戻ることです。

1989年12月にマルタ島でゴルバチョフと父親のほうのブッシュが会談して冷戦終結

が宣言されて、１９９１年にソ連が崩壊（解体）しました。その後、ロシアができて……という時計の針を戻すようなことをアメリカ主導でやってしまったけれど、果たして、それでいいのかということです。

また旧共産圏で手を組むのかどうかわかりませんけれども、いまの状況を見ていると、新冷戦のようなかたちに向かわざるを得なくなっていくと思うのですよね。そうなると、核軍縮なんてとんでもないということで具体的に進まないと思います。そうした現実をきちんととらえて、日本は独自の核武装というのを視野に入れておかないといけないと思います。

いきなりというわけにはいかなくても、ドイツがやっている核シェアリングという方法もあるわけです。少なくとも非核三原則の「持たず、つくらず、持ち込ませず」はお題目に過ぎず、アメリカは沖縄に核を配備していたわけだし、いま仮になくても、核ミサイルを搭載した原子力潜水艦がうろうろしているわけだし、現実的には意味がないわけです。「非核三原則撤廃」と日本が宣言するだけでも、北朝鮮の核開発なり、核抑止の情勢に変化を与えることができるのは確実です。もうひとつ、いや、こちらのほうが重要ですが、中国の核への抑止力になるのは間違いありません。

ただ、軍事専門家のなかには核武装は意味がないと言っている人もいます。世界的な核戦略のなかで考えたときには日本が核武装するのは意味が無いし無駄だということですが、私はそうは思わないし、少なくとも連合国（国連）の常任理事国はすべて核武装している。連合国（国連）は結局、核によって世界を支配している国がつくっている機構にしか過ぎず、そのなかでどうにか協調しながら日本の国益を守るかということしかない。

ひとつ危惧しているのは、東日本大震災において原発事故があったために、異様なまでの核アレルギーが浸透していることで、いままで述べたような当たり前の論理が通じにくくなっていることですね。

2020年東京五輪をどう位置づけるか

石　五輪開催が決定したときに私は自分のツイッターで次のようなことをつぶやきました。

前回の東京オリンピックで日本は経済的に復興し、戦後から上を向いて歩くという時代で、五輪は日本の復興のシンボルだった。

今度の五輪は何を象徴するかというと、経済の面ではバブル崩壊後の失われた20年を経験して、いまアベノミクスが進むなかでまた未来が見えてきた。それだけではなく、20年に日本はどういうかたちで東京五輪を迎えるかということ。本当の意味での復興を果たすべきなのです。憲法改正など、戦後の政治体制、戦後の言論空間、戦後のイデオロギーから脱して日本を取り戻すこと。

これから6年間、安倍政権がいつまで続くかはわからないけれど、経済を再建して、世界の先進国として、それも誇りある古き良き日本で新しい時代をつくる。世界の国々を招いて、そうした日本が再生した姿を見せる、アピールできるものになってほしいと思う。

西村　私は世代的に前回の五輪の記憶があります。当時を思い出すと、それこそ「三丁目の夕日」のような頃で、坂本九の「上を向いて歩こう」が大ヒットした翌年でした。日本人がつくって日本人が歌った曲がアメリカのヒットチャート「ビルボード」で1位になったという画期的な出来事がありました。当時は日本が文化のほとんどをアメリカを通して見ていた時代でした。いまとは全然違いますね。平成時代、21世紀の日本の若い世代はアメリカにまったく関心がない。当時はアメリカのヒットチャートを見てレコードを買っ

たりしていました。いまの日本の音楽好きは、そんなことはしていません。だからこそ、「上を向いて歩こう」がビルボードで1位を獲ったというのはまさに戦後復興を象徴していたのです。五輪も戦後復興と高度経済成長の象徴として位置づけられていた。

次の東京五輪は本当の意味での日本の独立を高らかに宣言するものになる。あらためて日本の歴史や文化を、世界でこれから貢献していく日本のソフトパワーとして紹介していく。スポーツというツールを使って、五輪というメディアで発信していくことが重要です。そういう意味では意義がありすぎるくらいです。

石 しかも、本書の趣旨である「反日」の敗北ということもアピールできる。素晴らしい日本を取り戻して、中国・韓国という反日国家にとどめをさす。彼らがつくり上げた反日の嘘を世界に暴いて、無力化する。お前たちのやったことはすべて失敗に終わったよ、と。日本の国旗を掲揚することも、すべての選手が堂々と国歌を歌うことも当たり前に行われる。

西村 実は50年前の五輪のときは、日本は台湾と国交を結んでいたし、中華人民共和国を

承認していなかった。台湾は「中華民国」という名称を書いたプラカードを持って入場行進している。次回の五輪では、中国は中国として出るのはいいんだけれども、台湾も「チャイニーズ・タイペイ」ではなく、台湾として参加してほしいと思いますね。

石　贅沢な願望だけれども、叶うのであれば、そのときには参加国のなかに「中華人民共和国」はもうないといいですね。民主化されて「四川共和国」とか。

西村　あとは、韓国にはスポーツの価値をきちんと理解している国になっていてほしいね。そうなれないなら参加しなくてもいい（笑）。

情報発信機関の設立を

石　日本は大きく変わりました。日本人も日本人として、我々も運命共同体、民族の運命共同体と実感させられました。

私からすれば、あれほどマスコミの批判にさらされたなかでも特定秘密法案を通したこ

とは、ある意味で、初めて日本が国家としてのかたち、国家安全保障会議の設立。なんとか日本が初めて国家というかたちを整えつつあるということですね。

西村　特定秘密保護法案と国家安全保障会議の設立はセットになっているものだし、当然だと思います。ちゃんとそれが成立したというのは、それも戦後レジーム（体制）に対しての大きな変革のひとつです。非常にいいことだと思うし、安倍政権でなければできなかったでしょう。

あと、いわゆる歴史問題で中韓とアメリカが反日で結託するという構造ができてしまっています。しかし、それに対抗するのは実は簡単なことで、私は以前から提言していますが、ちゃんとしたＮＳＣに匹敵するような情報発信機関をつくればいいんです。

日本会議の機関誌『日本の息吹』の２０１３年７月号にも書いていますが、あらためて説明しますと、官邸の広報機能では絶望的に不十分であり、まったく新しいスキームが必要とされています。中国共産党は年間２兆円を海外広報に使っています。韓国も東北アジア歴史財団という機関を設けて、慰安婦を含めた歴史問題の情報発信の予算が年間数十億円あるわけです。

これに対して、日本は従来の外務省の枠でしか情報発信していません。官邸の広報は昔よりはマシにはなったけど、やはりまだまだ不十分なんです。そういうものをしっかりするために、ＮＳＣと同じ位相になるような情報発信機関をつくるべきだと考えました。情報を取る作業と同時に、情報発信をしていく必要があるということですね。

それができれば、日本はかなり変わると思います。官邸の要望もダイレクトに伝わって、フィードバックもすぐに官邸に届きます。

そういう意味では、ＣＣＴＶ（中国中央電視台）なんかすごいですよ。各国語で世界中に放送されています。２０１２年４月にパラオの領海を侵犯して操業していた中国漁船をパラオ当局が発砲して撃退するという事件が起こりました。そのパラオですらＣＣＴＶが流れているわけです。何を流しているかというと、中国共産党の宣伝です。

ＣＣＴＶで日本のニュースが取り上げられる場合も、政治的な加工がなされたうえで放送されています。

あるところから聞いた話でビックリしたのは、ＣＮＮやＢＢＣなど世界の主だったメディアのジャーナリストが、いまＣＣＴＶにどんどん引き抜かれている。ものすごく戦略的で、中国共産党にはほんとに感心しますよ。

そういうことがＮＨＫはまったくできないんですよ。海外放送などおざなりで、ＮＨＫＷｏｒｌｄで「第二次世界大戦中、日本兵に奉仕するために多くの韓国人女性が連れ去られ売春をさせられた」などと嘘の反日的な報道までしている状況です。

正しい情報をただ伝えればいいだけなのに、それすら流れていないわけですから。いい意味でのプロパガンダは絶対必要だと思います。

それが外交、国際戦略の宣伝です。それがなければ外交が成り立たない。

しかし、そうしたなかでも、安倍政権のこの一年間の最大の功績は外交です。いま世界を動かしているのはある意味プーチン大統領と安倍首相ですよ。靖国参拝でも世界中に情報を発信したわけだから。オバマはただオロオロしているだけ。

その外交の見事さを象徴しているのが、２０１３年12月に東京で開催されたＡＳＥＡＮ会議です。ＡＳＥＡＮ10カ国が東京に集まるというのはすごいことです。日本のメディアは正当に評価していないですよね。71年前の大東亜会議にある意味比肩しうる会合です。あのときは、史上初の非白人国家のサミットでした。共存共栄、自主独立、人種差別撤廃などをうたった大東亜共同宣言が採択されました。

南京政府からは汪兆銘（おうちょうめい）が来ているし、インドは独立していなかったけれども、自由

インド仮政府の代表としてチャンドラ・ボースも来ていたわけです（オブザーバーとして参加）。当然、ビルマやタイの代表も来ていた。大東亜会議は戦後抹殺された歴史事実ですが、非常に大きな意味があるものでした。

また、4月末の日米首脳会談でオバマ大統領に尖閣を日米安保の適用範囲と明記させました。そのあと、5月上旬の欧州歴訪も、NATOとの連携を強める画期的な成果を挙げました。そういうことも含め、この1年半以上の変化というのはすごいですね。そして、日本人の意識がすごく変わった。

石　本書のなかで述べてきましたが、いまはもう、日本は中国を捨てる時代になっている。そして、別の意味でいずれアメリカも捨てる。アメリカという国を捨てるのではなく、アメリカが日本に押し付けたものを捨てるということです。それを捨てたうえで、逆にアメリカと肩を並べる、本当の意味での同盟関係ができる。

西村　その通りです。それをやるためには、やはり日本はASEANを中心としたアジアに向けてリーダーシップを取っていくことができれば、アメリカはもう認めざるを得なく

なります。

石　しかも、ＡＳＥＡＮ諸国は、先ほどのＡＳＥＡＮ会議の話にもありましたが、日本にはそういう役割を求めているわけです。反日が敗北したあとの大戦略を、いまから構築していく必要があるのです。

終章　見えてきた「反日の敗北」——西村幸祐

さて、ここまで二人で述べてきた「反日の敗北」を実感できないという人もいるかもしれない。実際にそんなものがあれば、具体的にこの目で確かめたいという人もいるであろう。そこでまず、具体例を提示したい。

2014年5月7日、南シナ海に大津波のような波動が拡がったが、その小波（さざなみ）は5月2日から立ち始めていた。5月2日にはベトナムの排他的経済水域（200海里）内の西沙諸島（パラセル諸島）付近で、中国の海艦（海上警察艦船）に見守られる中国の作業船が掘削プラットホームを設置し、海底資源の掘削を始めていたのである。しかも、南シナ海のフィリピンの排他的経済水域内の南沙諸島（スプラトリー諸島）沖で違法操業をしていた中国の漁船が、前日の5月6日にフィリピンに拿捕（だほ）されていた。

いずれの海域も、中国は大陸棚の領海を主張し、南シナ海はこの30年近く領海紛争を抱えていた。それは、東シナ海での日本と中国の対立状況とやや似ている。日本が連合国（国連）海洋法条約に基づき、国土沿岸からの12海里を領海、200海里を排他的経済水域

とするのに対し、中国は沖縄トラフまでの大陸棚を領海および排他的経済水域と主張し、日中双方の排他的経済水域が重なるので、取り敢えず引かれた中間線上で中国が海底油田の試掘を行っている。

しかし、南シナ海では、大陸棚を領海・排他的経済水域とする中国の主張が仮に正しいとしても、その海域の4倍にも及ぼうとする明らかに異常なほど広い海域を中国は領海と排他的経済水域と見なしているのである。

5月6日にフィリピン領海内で違法操業を行っていた中国の漁船がフィリピン当局に拿捕されると、翌日7日にはまるで南沙諸島の仇を西沙諸島で討つかのように、中国の違法な掘削作業を取り締まろうとしたベトナム沿岸警備隊の艦船に、中国の海艦が猛然と襲いかかったのだ。ベトナム沿岸警備隊から提供されたビデオを見ると、中国の白い海艦が考えられないような猛スピードでベトナムの巡視船を追い回している様子がよくわかる。

とりわけ注目されるのは、ベトナムの巡視船に中国の海艦が体当たりする場面だ。それは、4年前に尖閣沖で起きた、中国の工作漁船による海上保安庁の巡視船への体当たりのシーンを彷彿させるもので、後方右舷から体当たりする角度もほぼ同じだった。異なっていたのは、当時の民主党政権がそのビデオを隠蔽し、国民の目に触れさせないようにした

ばかりか、何が起きたのかという事実を世界から隠蔽したのに対し、ベトナム当局は当日の夕方には記者会見で攻撃された模様や破損した船体、数名の重傷者の情報を世界に発信し、中国を激しく非難したことである。

ここで最も重要になってくるのは、この南シナ海の衝突が日本にどれだけ直接関係があり、わが国にとって安全保障上の極めて切実な問題であるかを、一部を除く日本メディアが明瞭に、正しく報道しないことである。尖閣沖の日本領海の東シナ海は、当然、南シナ海に繋がっている。当たり前である。しかも、台湾からバシー海峡を抜け、南シナ海からインド洋へ抜けるルートは、まさにシーレーンであり、日本の貿易や安全保障上最も重要な「海上の道」なのである。

尖閣諸島や沖縄トラフの海底油田を巡る、日本への中国の威圧的な行動は、東シナ海の出来事であるが、中国は東シナ海での日本への攻撃よりはるか前から、南シナ海で海域制覇に乗り出していたのである。フィリピンから米軍が引き上げた1992年、中国は南シナ海で海洋進出の野望を露わにして、南沙諸島の実効支配を始めた。さらに、1988年には中国の人民解放軍はベトナムの領海内の西沙諸島を攻撃し60人以上を虐殺、一つの岩礁を実効支配していたのである。

日本に降りかかる東シナ海の問題は、南シナ海で起きている事柄とパラレルである。ということは、南シナ海で起きていることは、当然、東シナ海でも起こり得る。そんな誰でも思いつく論点がメディアで明瞭に報じられないことに苛立ちを覚える人々が激増し、中国共産党の見解だけを得意になってテレビで話すような人々への不信感も募っているように感じられる。そのようなメディア不信こそ、「反日の敗北」の象徴なのである。

南シナ海で起きたこの紛争は、明らかにオバマ大統領の訪日を皮切りとするアジアツアーの影響によるものである。まず、今年4月に来日していたオバマ大統領との日米共同声明が25日に発表され、28日にはフィリピンで米比新軍事協定が発表された。22年ぶりに米軍のフィリピン駐留の可能性も出てきたのである。追いつめられたと感じた習近平が逆切れして南シナ海で暴挙を起こした可能性が高いし、軍内部の勢力争いが共産党のコントロールが利かないまま外部への物理的な力の行使として現れたのかもしれない。いずれにしても、２０１３年秋に防空識別圏を突然設定したときと同じように、中国の野望が空回りしている状況なのである。

そして、ベトナムとフィリピンが、南シナ海で毅然とした対中姿勢を取った背景として、当然、オバマ大統領のアジアツアーの動きがある。4月25日に発表された日米共同声

明には次のような一節がある。

《日米両国は、東南アジアの沿岸国が法執行、不正な取引及び武器の拡散との闘い並びに海洋資源保護をよりよく実施できるよう、海洋の安全及び海洋安全保障のための海洋監視及びその他の能力の構築においてこれら諸国を支援するために連携している》

これは、政権発足以来、それこそ世界中を駆け巡って着々と布石を打ってきた安倍新政権の外交成果にほかならない。米国は第二期オバマ政権が「pivot to Asia（アジア回帰）」というキャッチフレーズを謳い上げたものの、実際は財源不足や外交に無関心なオバマ大統領の意向で、むしろ「アメリカ本土回帰」と言えるような引きこもり体質を露わにしていた。しかも、「アジア回帰」と言ってもオバマ大統領の親族が中国でビジネス展開をしていることもあり、米中経済同盟だけが国防総省の意向と裏腹に危ない橋を渡りながら維持されてきたような状態だった。そんなオバマ大統領を本格的に「アジア回帰」させたのは、ほかならない安倍首相だったのである。つまり、戦後日本にとって最大の弱点とされていた外交で、日本が世界をリードした瞬間だったのである。

内政では国家安全保障会議（ＮＳＣ）設立、特定秘密保護法案成立、日銀法改正を睨むデフレ脱却、と成果を挙げつつ、内政が外交に、そして外交が内政に反映されるような有機的な国家として、日本は目覚ましく活力みなぎる姿を現し始めている。それでも確かに歴史カードを反日プロパガンダの情報戦の武器として、特定アジアの3カ国と米国の一部に握られたままであるが、逆に言えばそれが最後に残された戦いなのである。

このように「反日の敗北」が視界に入ったいま、戦後レジームという旧体制を乗り越えられるときが、意外と早い時期に訪れるのかもしれない。

先日、動画サイト「YouTube」でアメリカ人が作った面白いコンテンツを見た。尖閣諸島の領有権で米国は特定の立場を取らないものの、日米安保の適用範囲だとオバマ大統領は明言した。一方、オバマ大統領の支持率は40％に低下したが、そんなニュースを見て外国人が様々なコメントを寄せていた。著作権の問題からか現在、その動画（http://www.youtube.com/watch?v=PaUCqlazhwc）は削除されているが、それらのコメントを読むと「反日の敗北」はすでに確定したと言えるだろう。コメント末尾の数字は賛同者の数である。

・日本は脅威となる中国の様々な動きに頭を抱えてる。そして作ろうと思えばすぐに作れ

る、核を持つべきかどうかの決断にも。「日本を守る」というアメリカの声明を抑止力にするつもりだろうが、効果はない。いずれにせよ、日本は核を持つことになるだろうね。　＋3

・今日本に住んでる。日本人は、オバマは約束を守らないってことを知ってるよ。だけどオバマさんっていつも嘘つくじゃん……。　＋5

・たぶんだけど、日本が日本を守るべきじゃないか？　＋10

・日本は核を持てばいいんだよ。そうすれば自分たちで守れるだろ。　＋4

・日本は今、防衛力を再建していってるところだ。特に海軍をね。オバマが大統領になってからは、その傾向を加速させてる。日本はハナから、オバマのことを頼れない存在だって思ってたんだよ。　＋58

・オバマや取り巻き連中が日本の為に戦いに行けばいいじゃん。外国の戦争に向かうアメリカの兵士なんかもう見たくないよ。　＋6

・1．この政権の約束に中身はない
2．レッドラインは状況次第で動く
3．日本は自分たちで頑張りなさい。スシはこれからも送ってくれ。　＋3

・こんな愚かなことは想像すらしたことなかったよ。ワシントンは常に戦争の種を探してる。内戦すら解決することが出来ないっていうのに。　＋13

・センカク諸島よさようなら。日本は「核家族」に参加する必要があるね。俺はオバマの言うことなんかこれっぽっちも信じてない。　＋4

・俺たちがウクライナを守ってるようにか。オバマが言うことは全部逆に受け取っておいたほうがいい。中国があの島に侵攻してきたら、オバマは責任を回避する道を探すだろうね。　＋4

これが既存メディアが決して伝えることのない、世界が日本を見る現在の視点なのである。

石平さんとこのような形でまた対論ができ、一冊の書籍として上梓できることに感謝している。4年前に初めて彼との対論を一冊にまとめたとき、書名はこうなっていた。

『日本よ！　米中を捨てる覚悟はあるか』

読者諸兄はおわかりだろうが、このタイトルは時代よりだいぶ先を行っていた。早すぎ

たのである。ところが、4年が経過し、いまようやくこのタイトルが多くの日本人に理解されるようになってきたのではないだろうか。時代がやっと追いついてきたのである。もしかすると、本書のタイトル『「反日」の敗北』に怪訝な顔をする読者もいるかもしれない。たとえば以下の実例を挙げて反論をする人がいるであろう。

・米国には韓国の工作で多くの慰安婦像が建てられ、そこには歴史的根拠のない日本を誹謗中傷する大嘘が、まだ書き連ねられている。
・中国は南京記念館を反日プロパガンダに最大限利用する方法を模索し、実行し始めた。
・国内では既存メディアの多くが相変わらずの偏向報道、捏造報道を繰り広げて、特にテレビ界は完全な情報統制下に置かれている。
・憲法九条の改正を含めた日本国憲法見直しの議論が、多くの国民に澎湃（ほうはい）と巻き起こっているわけではない。

確かにそれらは全て事実である。しかし、私たちが本書で縷々（るる）述べた「客観的な事実」の数々を帰納すれば、おのずと『「反日」の敗北』が見えてくる。追い詰められた「反日

の構造」が可視化してくるのである。つまり、本書で私たちが指摘した事実を繋げて読み解けば、はっきりと「反日」が敗走する姿が視野に入ってくる読者がいるはずである。

考えてみれば、2年前の2012年の暮れに安倍内閣が誕生し、第二次安倍政権が発足したことが、『「反日」の敗北』の始まりだった。

少なくとも、冷戦終結から20年以上の、それは、ちょうど平成の御世に重なる「失われた20年」なのだが、日本を徹底的に弱体化し続けてきた「敵」を、撃ち破る方向性は確保されたのである。だが、それでも数々の困難が私たち日本人を待ち受け、立ち塞がっていることは言うまでもない。現実は、「理屈」通りに行くような簡単な話ではないからである。これまでも、わが国は戦後体制の見直し、そして、その旧体制からの脱却を図ったときに、必ず大きな揺り戻しが起きて時代を巻き戻すベクトルが大きく作用し、結局、敗戦直後の占領下のような体制を何とか維持することを余儀なくされてきた。

しかし、敗戦後69年目の夏を迎えるいまこそ、そんな状況に別れを告げる時なのである。世界の支配体制が制度疲労を起こし、新しい時代を迎えるいまこそ、日本が世界に貢献できる道筋もはっきりと見えてくるはずである。そんな針路が、21世紀の日本のチャートとして、日本人が世界と共有できたときに、完全に「反日」は死滅するのである。

本書は株式会社イースト・プレス書籍部の北畠夏影氏の忍耐強いご尽力があって初めて世に問えることになった。末筆ながら、北畠氏に感謝すると共に、本書が読者の方々へのささやかな指針になれば、これに優る喜びはない。

「反日」の敗北

二〇一四年六月二〇日　初版第一刷発行

著者　石平（せきへい）　西村幸祐（にしむらこうゆう）

装幀　福田和雄（FUKUDA DESIGN）
編集協力　丸山佑介
校正　鷗来堂
編集　北畠夏影
営業　雨宮吉雄・牧千暁
発行人　木村健一
発行所　株式会社イースト・プレス
〒一〇一-〇〇五一　東京都千代田区神田神保町二-四-七 久月神田ビル八階
TEL 〇三-五二一三-四七〇〇　FAX 〇三-五二一三-四七〇一
http://eastpress.co.jp

印刷所　中央精版印刷株式会社

ISBN978-4-7816-1174-7